D
RÜST

Dresdner RÜSTKAMMER

Historisches Museum

Meisterwerke aus vier Jahrhunderten

Staatliche Kunstsammlungen Dresden
E. A. Seemann Verlag Leipzig

Autoren
Jutta Bäumel (J. B.)
Heinz-Werner Lewerken (H.-W. L.)
Dieter Schaal (D. S.)
Werner Schmidt
Holger Schuckelt (H. S.)

Photographien
Jürgen Karpinski

Redaktion
Jutta Bäumel

ISBN 3-363-00573-3

© Staatliche Kunstsammlungen Dresden
und E. A. Seemann Kunstverlagsgesellschaft mbH, Leipzig 1992

Inhalt

Die Rüstkammer – erste Kunstsammlung Dresdens
7

Die Rüstkammer als Museum
13

Tafeln und Erläuterungen
17

Anhang
121

Meisterregister
122

Literatur
123

Plan der Ausstellung
129

Mitarbeit an der Ausstellung
130

Das kurfürstlich-sächsische Stallgebäude zu Dresden. 1679
Kupferstich. 22,2 × 32,2 cm
Aus: Anton Weck, Der Chur-Fürstlichen Sächsischen
weitberuffenen Residenz- und Haupt-Vestung Dresden
Beschreibung und Vorstellung, Nürnberg. 1680
Aufnahme: Sächsische Landesbibliothek Dresden,
Abteilung Deutsche Fotothek

Die Rüstkammer –
erste Kunstsammlung Dresdens

Zur Wiedereröffnung 1992

Zum Ruhme der Dresdner Rüstkammer zitierte Erich Haenel, der herausragende Direktor der Sammlung, in seinem Buch 1923 Sir Samuel Meyrick, den Klassiker der englischen Waffenkunde: »the finest collection probably of armour in the world, if considered as works of art.« Wer diesem sorgsam abgewogenen Superlativ nicht zustimmen mag, wird der Dresdner Rüstkammer jedenfalls einen würdigen Platz unter den sieben bedeutendsten Sammlungen ihrer Art zugestehen, denen der Habsburger in Wien, der spanischen Könige zu Madrid, der Herzöge von Savoyen in Turin, dem Musée de l'Armée zu Paris sowie den beiden Rüstkammern im Kreml zu Moskau und im Tower zu London.

Nach der Silberkammer im Dresdner Schloß war die Rüstkammer die erste Gruppe kostbaren Geräts am kurfürstlichen Hof, die die feste Form einer Sammlung erhielt und damit den Grundstock eines Museums bildete. Ein wichtiges Merkmal für diesen Status war die Inventarisierung, womit der Wert des Bestandes und die Absicht seiner Bewahrung bekundet wurde. Sie erfolgte für die Rüstkammer erstmals im Jahre 1567, also noch vor der Bibliothek und zwanzig Jahre früher als für die Kunstkammer. Das zeugt von der hohen Bedeutung, ja man darf sagen, vom Vorrang, den die Sammlung fürstlicher Waffen, ritterlichen Geräts und dynastischer Gedenkstücke vor den anderen »Kammern« im 16. Jahrhundert genoß. Auch in London, Madrid und Stockholm gelten die Waffensammlungen als die ältesten Museen.

Diese Auszeichnung beruht auf uralten Traditionen. Seit den Anfängen seiner Zivilisierung wandte der Mensch auf die Herstellung seiner Waffen, die durch Jagd und Wehr seine Existenz sicherten, höchste Sorgfalt. Er zeichnete sie durch Schmuck aus und verlieh ihnen symbolische Bedeutung. Das Schwert wurde Sinnbild von Freiheit und Würde, staatlicher Macht und strafender Gerechtigkeit. Es gehörte mit Lanze und Krone zu den Insignien der römischen Imperatoren.

Die alte Würde der Waffen pflegten im hohen Mittelalter die Ritter, die als Krieger im Dienste der Feudalherren einen eigenen Stand bildeten, ähnlich wie zur gleichen Zeit in Japan die Samurai. Ein strenges System von Regeln und Riten, zu denen der Minnedienst gehörte, disziplinierte die Raufbolde und verklärte das Rittertum. Dichtung, Musik und bildende Kunst verliehen den Helden des Nibelungenlieds, der Sagen von König Artus, dem heiligen Gral und Tristan die Weihe aristokratischer

Ideale, von denen die rohe Wirklichkeit der Fehden und Raubzüge des Mittelalters freilich weit entfernt war.

Im späteren 15. und 16. Jahrhundert entwerteten die neue Taktik der Landsknechtsheere und die Schußwaffen die militärische Potenz der Ritter. Die körperlichen Fähigkeiten des Fürsten zur Führung in der Schlacht verloren ihre frühere Bedeutung. Die überlieferten Ideale des Rittertums erwiesen sich neben den vordrängenden bürgerlichen Tugenden und Wertbegriffen als fragwürdig. Gerade in dieser Periode des konkurrierenden Nebeneinander von aristokratischer Tradition und bürgerlicher Rationalität steigerten die europäischen Fürsten die künstlerische Gestaltung ihrer Waffen zu höchster Pracht, gleichsam als Schwanengesang einer jahrtausendealten Kunstgattung. Kaiser Karl V. bestellte für jedes große dynastische Ereignis einen neuen Harnisch. Zwei der erfolgreichsten Dichtungen des 16. Jahrhunderts, Ariosts »Orlando furioso« und Torquato Tassos »Gerusalemme liberata« bezeugen die Aktualität des Ideals vom edlen Rittertum. Jetzt bildeten die Turniere, bei denen die Fürsten selbst in sportlichem Kampfe öffentlich wetteiferten, den Höhepunkt von höfischen Festen. Obwohl diese Idealisierung eine vergangene Welt heraufbeschwor und nostalgische Züge trug, kann sie nicht romantisch genannt werden. Die Kunst edler Waffen und das Turnierwesen entwickelten sich an allen europäischen Fürstenhöfen kontinuierlich aus dem hohen Mittelalter über die Renaissance bis in das 17. Jahrhundert hinein, und dementsprechend repräsentierten die aufwendigen Kunstwerke der Plattner, Goldschmiede, Messerschmiede und Büchsenmacher politische Macht und Reichtum des hohen Adels in greifbarer Opulenz. Technische Perfektion erhielt durch sinnenhafte Schönheit, durch Glanz und barocke Pracht die Aura höherer Würde.

Das Verhältnis zweier sächsischer Kurfürsten zu ihrer Rüstkammer erhellt deren Sammlungscharakter. Moritz verband staatsmännische Fähigkeiten mit alten Vorstellungen von einem kühnen Ritter. Er führte die Sachsen 1553 an der Spitze der Reiterei in die Schlacht von Sievershausen, wo er durch einen Schuß in den Rücken tödlich verwundet wurde. Unter seiner Regierung gelangten nicht allzu viele Waffen und Gedenkstücke in die Rüstkammer. Sie zeugten meist von bedeutenden historischen Ereignissen, wie sein Kurschwert von 1547, das Kurzschwert des Kurfürsten Johann Friedrich, seines Vetters und Gegners, und der Feldharnisch, den er 1551 beim Einzug in Magdeburg trug. Sein Bruder und Nachfolger August hingegen, der als der bedeutendste Ökonom unter den sächsischen Fürsten, nicht aber als Feldherr, in die Geschichte einging, vermehrte die Rüstkammer um etwa das Zehnfache, vor allem mit Werken aus dem Turnierwesen, das unter seiner Regierung eine Blütezeit erlebte. August gründete die Kunstkammer sowie die kurfürstliche Bibliothek und darf auch als der prägende Gestalter der Rüstkammer gelten, die von seinen beiden Nachfolgern auf das großartigste erweitert wurde.

Christian I. ließ 1586 bis 1588 einen prunkvollen Bau errichten, der vor allem der Aufstellung der verschiedenen Bestände der Rüstkammer gewidmet war. Die Verbindung der Rüstkammer mit Ahnengalerie, Turnierhof und Stall war programmatisch, wie die kurz zuvor erfolgte Aufstellung der Rüstkammer König Philipps II. im Stallhof zu Madrid gegenüber dem alten Alcazar bestätigt. In Dresden bestimmte Christian I. für die Aufstellung seiner Rüstkammer 36 Gemächer in den drei oberen Geschossen des Stallhofes. Die Nachbarschaft der vier Prunkräume des Kurfürsten, die Nosseni kostbar ausstattete, unterstreicht die Bedeutung der Rüstkammer. Man darf wohl annehmen, daß die kostbaren Waffen und Harnische der kurfürstlichen Sammlung im »Neuen Stall« ähnlich repräsentativ arrangiert waren wie in der Leib- und Heldenrüstkammer des Erzherzogs Ferdinand von Tirol 1577 auf Schloß Ambras. Die Aufstellung der Dresdner Rüstkammer in einem eigens für sie errichteten Neubau neben dem Schloß erweist die überragende Bedeutung der Sammlung. Sie kann als die erste museumsähnliche Institution in Dresden betrachtet werden.

Ihr besonderer Rang war nur zu erreichen durch die Wirtschaftskraft Sachsens, das im 16. Jahrhundert der technisch und ökonomisch am höchsten entwickelte deutsche Territorialstaat war. Zugleich mochte das Amt des Reichserzmarschalls, das den Wettinern mit der Kurwürde 1423 verliehen war, anspornend gewirkt haben. Deshalb führten sie die gekreuzten Schwerter im Wappen. Sie konnten auf ihre militärischen Leistungen für Kaiser und Reich stolz sein. Nach dem Tode Christians II. im Jahre 1611 behielt die Rüstkammer im Stallhof ihre im 16. Jahrhundert geprägte Struktur. Johann Georg I. und Johann Georg II. bereicherten sie besonders mit Jagdwaffen. Sie galt bis zum Beginn des 18. Jahrhunderts neben dem Riesensaal des Schlosses und der Kunstkammer als eine der berühmtesten Sehenswürdigkeiten der Residenz, wie Tobias Beutels »Cedern-Wald« in der dritten Auflage 1703 bezeugte. Die Ausquartierung der Sammlung aus dem repräsentativen Stallhof im Jahre 1722 und das nach Haenels Worten »dürftige Unterkommen« im Regimentshaus für die Dauer von über hundert Jahren kennzeichnen die Distanz der Aufklärung gegenüber den archaischen Zügen des Rittertums. Im Einklang mit der technischen Entwicklung der Zeit widmeten August der Starke und sein Sohn jedoch den Schußwaffen verstärkte Aufmerksamkeit und richteten die Gewehrgalerie im Langen Gang ein.

Auch die bürgerlich geprägte Romantik verkannte den künstlerischen Eigenwert der fürstlichen Prunkwaffen und benutzte sie, um »aus widerstrebenden Teilen ein geschichtliches Sittengemälde zu bilden«, wie Johann Gottlob von Quandt 1834 in seinem Führer schrieb. Ähnlich wie in Kopenhagen 1838 wurden die Prunkwaffen zur Illustration eines historischen Panoramas benutzt. In Dresden geschah das durch Vereinigung mit jenen Beständen der Kunstkammer, die in keine der Spezialsammlungen des 18. Jahrhunderts aufgenommen worden waren, vor allem Möbel, Gläser, Werkzeug und Gedenkstücke. In seinem Vorwort ließ Quandt das abwertende Urteil durchblicken, wonach die Kostbarkeiten der Rüstkammer zu den »Kunststücken, an denen sich bloß die Geschicklichkeit der Hand zeigt« gehörten, im Gegensatz zu den »Werken der Künste im höheren Sinne des Wortes«.

Die Entfremdung von Gehalt und Bedeutung der Rüstkammer fand ihren Ausdruck in dem Bedürfnis, der durch die Eingliederung der Kunstkammer nur unwesentlich erweiterten Sammlung einen neuen Namen zu geben: Historisches Museum. Quandt begründete diese Umbenennung 1834 nur zaghaft und zog sich vorsichtig auf den Gemeinplatz zurück, daß »jeder Gegenstand auch ohne besondere geschichtliche Merkwürdigkeit doch das Gepräge seiner Bestimmung und seiner Zeit in sich trägt«. Seine Bedenken gegen den neuen Namen verrät der darauffolgende Satz: »Dies sei zur Entschuldigung, wo nicht Rechtfertigung der Benennung Historisches Museum gesagt.« In dem Führer des Jahres 1850 fügte F. A. Frenzel dem Namen Historisches Museum hinzu: »früher und auch wohl mehr bezeichnend Rüstkammer genannt«. Auf den Titelseiten der Kataloge nach der Rückkehr in den Stallhof 1876 ist dem neuen Namen der alte hinzugefügt. In Erich Haenels grundlegender Publikation »Kostbare Waffen aus der Dresdner Rüstkammer« taucht 1923 der Begriff »Historisches Museum« nicht einmal in der Darlegung der Sammlungsgeschichte auf.

Bei seinem Wiedererstehen nach der Rückgabe der Bestände im Jahre 1958 war das Museum unter dem SED-Regime ideologisch dreifach gefährdet, einmal durch die dynastische Bindung der Sammlung, zum anderen durch die ritterliche und also militärische Substanz, drittens durch seinen irreführenden Namen, der marxistische Erwartungen weckte, die das Museum nicht erfüllen konnte und wollte. Mit dem kunsthandwerklichen Aspekt, der den Meisterwerken durchaus angemessen ist, wurde ein glücklicher Ausweg gefunden. Mit einer Gesamtfläche von 1050 qm erhielt das Historische Museum bereits 1959 eine vergleichsweise günstige Möglichkeit zur Präsentation seiner Hauptwerke in der Osthalle des Semperbaus am Zwinger. Allmählich entstand ein Mitarbeiterstab, der den Neuaufbau des Museums vollbrachte und auch die enormen Schwierigkeiten meisterte, die bei der Deponierung nach der Schließung des Semperbaus wegen Brandgefahr im März 1988 zu bewältigen waren. Die Ausstellung in den ursprünglichen Räumen des Grünen Gewölbes im Erdgeschoß des Schlosses vom April 1990 bis zum September 1992 unter dem Titel »Die Kurfürsten von Sachsen. Repräsentation in Bildnis und Rüstung« betonte den dynastischen Aspekt, auch mit der Sonderausstellung »Die Garde Robe Augusts des Starken«.

Während der Vorbereitung der Neugestaltung im Semperbau fiel Direktor Dr. Dieter Schaal im September 1991 unerwartet aus. In dieser Situation erklärte sich Chefrestaurator Dr. Heinz-Werner Lewerken auf meine Bitte hin bereit, die Leitung des Historischen Museums zu übernehmen und gemeinsam mit den wissenschaftlichen Mitarbeitern die Konzeption für die Ausstellung zu erarbeiten. Die räumliche Ordnung wird sowohl dem Charakter der Sammlung als auch der Wirkung der Einzelstücke und Ensembles gerecht. Ich danke Herrn Dr. Lewerken und allen Mitarbeitern für ihren selbstlosen Einsatz. Bei den technischen und konservatorischen Lösungen schwieriger Probleme werden die Fachleute manche Neuerung bemerken.

Viele Partner mußten ihre Anstrengungen vereinen, um die Rekonstruktion des Semperbaus in der knappen Frist vom Juli 1989 bis zum September 1992 zu bewältigen. Nachdem die Regierung der DDR die 1988 beantragten Mittel rigoros gekürzt hatte, bewilligte die Sächsische Staatsregierung die notwendigen Summen, um allen denkmalpflegerischen, musealen und technischen Erfordernissen zu genügen. Die seit der Einigung Deutschlands eröffneten Möglichkeiten setzten die sächsischen Architekten, Bauleute und Restauratoren in die Lage, den Museumsbau Gottfried Sempers in einer nahezu idealen Weise zu erneuern. Allen am Werk Beteiligten gebührt für ihre außerordentlichen Leistungen Dank und Anerkennung. Die vollständig wiederhergestellte Ausmalung und der gemusterte Fußboden verleihen der dreischiffigen Halle eine festliche Würde, die sich mit den Prunkstücken der Rüstkammer zu einem noblen Klang verbindet. In Zukunft ist die Rückkehr des Museums in seine ursprüngliche Heimstätte geplant, den Stallhof, seit 1876 Johanneum genannt. Zweifellos ist die Chance, die Rüstkammer wieder in ihre authentische Umgebung zu versetzen, unter jedem Gesichtspunkt die richtige Lösung. Freilich werden Jahre vergehen, bis für das Verkehrsmuseum eine angemessene Unterkunft geschaffen werden kann. In dieser Zwischenzeit sollten die reichen Bestände der Rüstkammer im Schloß aufgestellt werden, darunter auch die Werkgruppen, auf die jetzt in der Osthalle aus konservatorischen Gründen verzichtet werden mußte.

Der Neuanfang mit der festlichen Wiedereröffnung am 5. Dezember 1992 ist willkommener Anlaß, dem Museum seinen altehrwürdigen Namen »Rüstkammer«, den die Sammlung mehr als drei Jahrhunderte hindurch seit ihrer Entstehung trug, wieder zuzuerkennen. Die Benennung »Historisches Museum« war irreführend. Der Name des 16. Jahrhunderts ist schönste Legitimation und gibt eine treffende Vorstellung vom Charakter des Hauptbestandes der Sammlung.

Unsere Zeit, die den alleinigen Anspruch des Bildes auf künstlerische Aussage durchbricht und dem gestalteten Gegenstand neue Bedeutung zuerkennt, sollte begreifen, daß auch die sorgsam gebildeten Waffen »geistige Anschauungen« enthalten können – um mit Quandt zu reden. Warum wohl widmete eine ganze Periode der europäischen Kulturgeschichte höchste Aufmerksamkeit und Hingabe jenen Schöpfungen aus edlem Stahl, wenn diese nicht mehr bedeutet hätten als prunkende Herrschaftszeichen? Vom zweiten bis zum letzten Viertel des 16. Jahrhunderts stagnierten Malerei und Plastik und brachten außerhalb der bürgerlichen Zentren in Venedig und den Niederlanden wenige überragende Leistungen hervor, während die Zweige des Kunsthandwerks blühten. Viele der besten Maler und Bildhauer, von Konrad Witz über Peter Vischer und Tizian bis Rubens, waren von der ehernen Gestalt des Geharnischten fasziniert. Die Beschwörung des Rittertums enthielt in einer Zeit, da die Macht des Geldes unaufhaltsam vordrang, etwas von der Sehnsucht nach einer besseren Welt, in der ein mutiger Mensch mit seiner Waffe hohen Zielen dient und das Gute zum Sieg führt.

Werner Schmidt

Die Rüstkammer als Museum

In seinen Reisenotizen beim Aufenthalt 1803 in Dresden zeichnet und beschreibt Karl Friedrich Schinkel seine Eindrücke:

»Rüstkammer in Dresden. Prächtige türkische und persische Reitequipagen, über gute hölzerne Pferde gehängt. Alte Ritterequipagen aller Gattungen, über Modelle gehängt, die Turniere vorstellen. Harnische aller Art aus dem Mittelalter, auch chinesische, persische und türkische Waffen alter und neuer Zeit von der schönsten Arbeit, eine besonders schöne Sammlung von Pistolen von eingelegter Elfenbeinarbeit. Merkwürdige feine Eisenarbeit, vorzüglich ein Paar Sporen und Steigbügel von durchbrochener Arbeit mit erstaunlicher Genauigkeit und geschmackvoller Wahl der Verzierung.«

Schinkels Bild von der Sammlung, die damals noch ihren hergebrachten Namen Rüstkammer trug, ist das gleiche, das Goethe vor Augen hatte und das Wilhelm von Kügelgen literarisch verklärt wiedergibt.

Aus einem für die Dauer mehrerer Generationen improvisierten Zustand, der 1722 mit dem Umbau des Stallgebäudes am Jüdenhof zur Gemäldegalerie entstand, indem die Rüstkammer in die benachbarten Räume des Regimentshauses verdrängt wurde, schien bereits ein gültiger geworden. Daß die Rüstkammer dennoch nichts an Faszination einbüßte, auch in aufgeklärten Zeiten, spricht für ihren Rang und bestätigt sich bis heute, wo Gemäldegalerie und Waffensammlung erneut Tür an Tür benachbart sind.

Die Schinkelzeit in ihrem zumeist antiquarischen Interesse an Rüstkammerbeständen, die ihren praktischen Zweck eingebüßt hatten und in ihrer wissenschaftlichen Bedeutung noch nicht erkannt waren, spürt und entdeckt deren ästhetischen Reiz. Mehr noch, sie bedient sich der Waffensammlungen und ihrer Einzelwerke und arrangiert sie zu kunstvollen Dekorationen. Dreißig Jahre nach Schinkels Äußerungen wird 1833 unter der Regie des Mäzens und Sammlers Johann Gottlob von Quandt und nach künstlerischen Intentionen von Professor Joseph Thürmer die Rüstkammer, um Kunstkammerbestände beträchtlich vermehrt, in den Zwinger verlegt. Vermeintlich dem Staub der Jahrhunderte entrissen, präsentiert sich die Sammlung in einer Abfolge von Sälen und Galerien zwischen dem Nymphenbad und dem Kronentor kulturgeschichtlich tatsächlich in einem neuen Licht. Der damit verbundene demokratische Anspruch der Öffentlichkeit auf die Sammlungen, einer konstitutionellen Monarchie angemessen, äußert sich auch in der leider irreführenden Benennung: Historisches Museum.

Vierzig Jahre später entsann man sich der ursprünglichen Funktion des Stallgebäudes und nutzte die vaterländischen Ambitionen, um die Sammlung an ihren Ursprungsort zurückzuführen. Das nunmehr »Johanneum« genannte Gebäude bot nahezu ideale Bedingungen, und die 1877 eröffnete Ausstellung des Historischen Museums verfügte jetzt über eine Wagenhalle und einen orientalischen Saal im Erdgeschoß und über das in Säle und Kammern gegliederte Obergeschoß, einschließlich der mit Kunstkammerbeständen ausgestatteten ehemaligen kurfürstlichen Gemächer. Erstmals in der Sammlungsgeschichte traten wissenschaftliche Gesichtspunkte deutlich zutage: Prunkwaffen, Turnier- und Fußturnierwaffen, Kriegswaffen und mittelalterliche Waffen wurden von Reitzeugen, Jagdwaffen, Kostümen, Orientalica und Kunstkammerstücken geschieden und damit in ihrer Bedeutung und in ihrer Entwicklung erkennbar.

Mit Albert Erbstein und seiner auf der Grundlage archivalischer Forschungen erarbeiteten »Beschreibung« des Museums, die 1889 gedruckt wurde und noch bis 1892 den Begriff »Rüstkammer« im Titel führte, begann die Neuzeit der Sammlungsgeschichte.

Die vollständige, sachbezogene und erstmals wieder im ganzen überschaubare Aufstellung der Rüstkammerbestände war ein täglicher Ansporn, den Bestand sowohl auf seine Sammlungsgeschichte, wie auf die Entstehungsgeschichte und Anwendungsweise der Objekte hin zu untersuchen und zu erforschen. Bedeutenden Anteil daran erwarb sich Max von Ehrenthal mit seinem 1896 erschienenen »Führer durch das Königliche Historische Museum zu Dresden«, mit dem er die stärker unter dynastischen Gesichtspunkten geordnete Sammlung durch ständig anwachsende und präzisierte Register der Fürsten, Herren und Bürger, der Künstler, Meister und ihrer Marken der Wissenschaft und dem Publikum erschloß. Spätestens mit der Bildung des Freistaates Sachsen 1920 galt der dynastische Aspekt als unzeitgemäß. Erich Haenel entschied sich deshalb für den Weg zur systematischen kunsthandwerklichen Waffensammlung zeitgenössischer Prägung. Aufbau und Ausstattung des Museums werden aktualisiert, und da unter dem Gesichtspunkt der Systematisierung Lücken deutlich wurden, ging man daran, sie durch Tausch und Verkauf von Rüstkammerbeständen zu schließen. Diese Periode ist gleichzeitig mit waffenkundlicher, kostümkundlicher und kunstgeschichtlicher Pionierarbeit verbunden und führt das Historische Museum Dresden zu internationalem Ansehen.

Mit der am 30. August 1939 verfügten Bergung von Spitzenwerken beginnt die Kriegs- und Nachkriegsgeschichte der Sammlung, die erst 1958 mit der Rückgabe der Bestände durch die Regierung der Sowjetunion und mit der Wiedereröffnung des Museums 1959 in der Osthalle des Semperbaues ihr Ende fand.

Durch die bis 1943 abgeschlossene Bergung und Verlagerung des Historischen Museums und der Gewehrgalerie auf die Landesfestung Königstein und in verschiedene sächsische Schlösser waren die Bestände vor direkten Kriegsschäden bewahrt worden. Erst die mit dem Kriegsende verbundenen Wirren hatten zur Folge, daß heute 500 Werke als vermißt oder als zerstört gelten müssen.

Die 1959 erfolgte Unterbringung der Sammlung in der Erdgeschoßhalle des Museumsgebäudes von Gottfried Semper bot nur einem Bruchteil des Bestandes Raum und führte, auch zeitbedingt, zu einer konzeptionellen Entscheidung, die einzelne Waffengruppen, Materialien, die Meister und ihre Werkstätten als chronologischen Ablauf in einer Blütenlese darbot, um dynastischen Ursprung und Bezug weitgehend zu verdecken.

Die von Johannes Schöbel unter schwierigen Bedingungen verwirklichte Lösung wurde nach 29 Jahren und mit mehr als 7 Millionen Besuchern durch die am 31. August 1988 administrierte Schließung Geschichte.

Mit der Wiedereröffnung nach vier Jahren Bauzeit an gleicher Stelle entstand eine Herausforderung neuer Art, durch die getreue Rekonstruktion der Malerei und der Farbigkeit des Raumes mit einer konservatorisch durchdachten, kompletten Ausstattung und Ausleuchtung nach den Erfordernissen der Sammlung.

Noch in anderer Hinsicht steht diese Ausstellung unter einer besonderen Konstellation, durch die Zusicherung der Anwartschaft des Historischen Museums auf das vor 400 Jahren für die Sammlungen der Rüstkammer geschaffene Stallgebäude.

Die Rüstkammer, seit 1588 im Großen Reisigen Stall am Jüdenhof, war in ihrer Art eine der europäischen Sehenswürdigkeiten, auch wenn nur Fürsten und Herren Zugang hatten. Seit 1586 war der von Kurfürst Christian II. von Sachsen dem Oberzeugmeister und Baumeister Paul Buchner in Auftrag gegebene, an den Schloßbezirk unmittelbar anschließende gewaltige Gebäudekomplex als ein Werk der Spätrenaissance entstanden, Repräsentationsbau mit Ahnengalerie und Turnierhof in einem. Hier fanden die Leibwaffen von Herzog Albrecht, den Herzögen Georg und Heinrich und von den Kurfürsten Moritz und August und deren Erinnerungsstücke ihren Platz, erweitert um des Bauherrn eigene bedeutende Erwerbungen. Bis dahin im Schloß selbst, sorgfältig, aber unübersichtlich bewahrt, erhielten die Leibwaffen hier voneinander getrennte, geräumige Kammern und Säle, den Prunkgemächern des Kurfürsten benachbart.

Die ungewöhnlich erscheinende räumliche Nähe von Gemach und Waffen hat historische Wurzeln, auf die der Begriff Kammer hindeutet.

Leibwaffen wurden ursprünglich in Reichweite vom Bett aufbewahrt, und der Begriff Kammer weist auch in späteren Zusammensetzungen wie Kunstkammer, Silberkammer oder Leibrüstkammer stets auf Individualbesitz der darin verwahrten Gegenstände hin. Für die Sammlung bildet dieser Begriff die räumliche und weitgehend auch die bestandsmäßige Einheit, wie aus den exakt geführten Inventarbüchern der kurfürstlichsächsischen Rüstkammer hervorgeht. Die übersichtlich geordneten Bestände waren zugleich ein Anreiz zu weiterer Sammeltätigkeit, wovon die zunehmende Zahl der Harnischkammern, später der Büchsenkammern und die Entstehung neuer, wie der Jägerkammer, der Kurkammer oder der Kleiderkammer deutlich spricht.

Vergleichbar und dabei doch von besonderem Gewicht ist die 1733 im Langen Gang des Stallhofes geschaffene Sammlung des Leibgewehrs, später Gewehrgalerie genannt. Ihr privilegierter Status gegenüber der alten Büchsenkammer äußert sich nicht nur in der Größe und der Besonderheit des Raumes, sondern auch im Ausmaß der Erwerbungen und in den zu ihrer Wartung eigens bestellten Bediensteten. Nicht zufällig behauptete die Gewehrgalerie den ihr im 18. Jahrhundert zugewiesenen Platz über 200 Jahre und ihr Bestand wurde erst 1959 in das Historische Museum übernommen.

Die in vieler Hinsicht unvergleichlichen Bestände der Dresdner Rüstkammer sind, wie es der Augenschein zeigt und wie 60 Meisterwerke es im Druck verdeutlichen, ein über vier Jahrhunderte bewahrter und immer neu zu entdeckender Schatz.

Dieter Schaal

Tafeln und Erläuterungen

Frontispiz *Kurschwert Friedrichs des Streitbaren*
Ungarisch. 1419–1425
Klinge: Passau

Klinge gemarkt: Wolf und Strahlenkranz. Am Knauf das königliche Wappen von Ungarn und Böhmen sowie der deutsche Königsadler. Gratklinge mit flachem Hohlschliff und messingtauschierten Marken; Gefäß Eisen, plattiert mit vergoldetem Silber; Kristallknauf in silbervergoldeter Fassung mit emaillierten Schildchen; Griffwicklung gewundener, teils geknüpfter und geflochtener vergoldeter Silberdraht; doppeltes, halbrundes, silbervergoldetes Stichblatt; Scheide Holz, roter Seidensamt; Scheidenbeschläge bestehend aus Mundblech, Ortband und einem beide verbindenden, spiralig verlaufenden Band Silber, teils getrieben, vergoldet, Drahtemail.
Länge 118 cm, Klinge 92 cm, Gewicht 1 700 g; Scheide: Länge 90 cm, Gewicht 1 300 g
Inv. – Nr. VI 361
Inventar der Rüstkammer von 1567 (vermißt in Weesenstein seit 1945), fol. 77. – Inventar der Rüstkammer von 1606 (Nr. 72), S. 465. – Inventar der Kurkammer von 1716 (Nr. 131), fol. 77 Nr. 166.
Literatur: Müller 1701, S. 11 u. 13. – Weinart 1777, S. 263. – Hettner/Büttner 1871, Bl. 86. – O'Byrn 1880, S. 9. – Erbstein 1889, S. 45. – Erbstein, Journal 1889. – Hampel 1897–1899, S. 81–84, Fig. 1–5. – Ehrenthal 1899, S. 9 A 34. – Seidlitz 1920–1922, S. 122 Nr. 28, Tafel 4. – Haenel 1923, S. 80, Tafel 40 a. – Historisches Museum 1959, S. 18–19, Abb. – Mihalik 1961, S. 24 – Historisches Museum 1962, Nr. 1, Abb. – Thomas/Gamber/Schedelmann 1963, Tafel 5. – Nickel 1974, Abb. S. 165. – Schöbel 1973, S. 86 Nr. 51, Abb. S. 105. – Dresden 1991, S. 6–7 Kat.-Nr. 1, Abb.

Das Zeremonialschwert ist ein Geschenk des Königs Sigismund I. (1368–1437) an Friedrich IV., den Streitbaren (1370–1428), der 1407 als Markgraf von Meißen und 1423 als Kurfürst von Sachsen die Regierung übernahm. Die heraldischen Symbole des Schwertes, die Wappen sowie die ungarischen Farben Rot-Weiß-Grün, stehen in Bezug zu Sigismund, der als König von Ungarn (seit 1387) und Böhmen (seit 1419) regierte. Der Adler verweist auf dessen Würde als gewählter deutscher König (seit 1410), die ihn zur Nachfolge als deutscher Kaiser (1433) bestimmte. Friedrich der Streitbare erhielt das Schwert vermutlich aus Anlaß des 1425 in Ofen (Buda) vollzogenen Zeremoniells der Belehnung mit dem bereits 1423 verliehenen Kurfürstentum Sachsen sowie dem Reichserzmarschallamt. Das Prunkschwert gibt Zeugnis vom Aufstieg der Wettiner in die Reihe der Kurfürsten. Seine Würdigung als Kurschwert ist erstmals mit dem Inventar der Rüstkammer von 1606 zu belegen. Ein silbernes und ein goldenes »koerschwert« sind zwar bereits im Inventar der kurfürstlichen Silberkammer von 1478 erwähnt, jedoch nicht näher beschrieben. Der Zweihänder zählt mit seiner prachtvollen Goldschmiedearbeit zu den reichsten Schwertern, die von europäischen Herrschern des Mittelalters erhalten sind. Die Gestaltung der Parierstangen, die gedrehten, knorrigen, blattlosen Ästen gleichen, folgt der sogenannten »Astgotik«. Der filigrane Dekor an der Schwertscheide ist ein früher Beleg für das ungarische Drahtemail. Ungarische Goldschmiede hatten diese Kunst aus dem venezianischen Oberitalien übernommen und zu technischer Vollendung geführt, wobei sie die Motive eigenen Traditionen entlehnten. Beim Drahtemail werden die aufgeschmolzenen Farbflächen von verlötetem, meist spiralig gewundenem feinen Draht umgrenzt. Die zu einem Wellenband stilisierten Ranken mit fünfblättrigen Blüten bildeten ein Leitmotiv des Drahtemails in Ungarn. J.B.

Tafel 1 *Kurschwert des Herzogs Moritz von Sachsen*
Lorenz Trunck
Nürnberg 1500 − Nürnberg 1574
Nürnberg. 1547

Gefäß und Scheidenbeschlag gemarkt: Kreuz mit zwei Winkeln und vier Punkten (Meistermarke des Lorenz Trunck). Klinge gemarkt: Schlange, und datiert: Anno Dm MDXLVII. Gratklinge mit flachem Hohlschliff, Inschrift und Dekor geätzt, in den Tiefen vergoldet, Schlagmarke; Gefäß Eisen, ganzer Beschlag und Parierstangen Silber, gegossen, ziseliert, teils vergoldet; Scheide Holz, Leder, ganzer Scheidenbeschlag und Griffkappen des Bestecks Silber, gegossen, ziseliert, teils geätzt, teils vergoldet; Messerklinge mit kupfertauschierter Marke.
Länge 119 cm, Klinge 97 cm, Gewicht 2 000 g; Scheide: Länge 100,5 cm, Gewicht 820 g
Messer und Pfriem: Länge 21,4 cm und 18,3 cm
Inv. − Nr. VI 375
Inventar der Rüstkammer von 1567, fol. 76. − Inventar der Rüstkammer von 1606 (Nr. 72), S. 515−516. − Inventar der Kurkammer von 1716 (Nr. 131), fol. 75 Nr. 162.
Literatur: Müller 1701, S. 108−111. − Reibisch 1826, Tab. 4 Fig. 5. − Frenzel 1850, S. 115. − Hettner/Büttner 1871, Bl. 127. − Rahnfeld o. J. (vor 1876), S. 35. − Erbstein 1889, S. 45. − Ehrenthal 1897−1899, S. 106−108, Tafel III. − Ehrenthal 1899, S. 96 E 575 und S. 267. − Heerwagen 1908, S. 119. − Seidlitz 1920−1922, S. 275 Nr. 96, S. 116 Abb. 14, Tafel 25. − Haenel 1923, S. 80, Tafel 40 b. − Thieme/Becker 1907−1950, Bd. 33 (1933), S. 455. − Historisches Museum 1959, S. 31. − Seitz 1965, S. 280 Abb. 187. − Kohlhaussen 1968, S. 417, 439, 441 Abb. 646, S. 505 und 549. − Schöbel 1973, S. 85 Nr. 47, Abb. S. 101. − Washington 1978, S. 38−39 Kat.-Nr. 72, Abb. − Tokyo 1979, S. 38 Kat.-Nr. 72, Abb. − Augsburg 1980, S. 244−246 Kat.-Nr. 191−193, Abb. S. 245. − Nürnberg 1985, S. 57 Abb. 29 und S. 497.

Das Prunkschwert verweist auf das Jahr 1547, in welchem Moritz von Sachsen (1521 − Kurfürst 1547−1553) an der Seite Karls V. (1500 − Kaiser 1519−1558) kämpfend, die Niederlage des Schmalkaldischen Bundes bei Mühlberg mit herbeigeführt und so den Ernestinern die Kurwürde abgerungen hatte. Die feierliche Belehnung mit dem Kurfürstentum Sachsen und dem Reichserzmarschallamt fand auf dem Reichstag am 24. Februar 1548 in Augsburg statt. Drei Ölgemälde des Malers Matthäus Gundelach geben die wichtigsten Akte des Zeremoniells wieder. Der Rat zu Augsburg hatte die nach Zeitzeugnissen geschaffenen Bilder 1622 zur Ausgestaltung des Rathauses in Auftrag gegeben. Das letzte der Bilder zeigt, wie Karl V. dem nach vorn gebeugten Kurfürsten ein Schwert reicht. Die Szene ist nicht als Schwertübergabe, sondern als Schwertkuß, wie ihn das Zermoniell vorsah, zu deuten. In den zeitgenössischen Beschreibungen der Belehnung ist vom Küssen des Reichsschwertes, nicht aber von einer Schwertübergabe oder einem dem Kurfürsten vorgetragenen Schwert die Rede. Obiges Schwert weist keine heraldischen Symbole auf. Auch mit seinen motivisch weitgefächerten bildlichen Darstellungen weicht es vom Typus der Zeremonialschwerter jener Zeit ab. Das Schwert wird nur im Inventar der Rüstkammer von 1567 als »Churschwerdt« bezeichnet. Die Bezugnahme auf Karl V. erfolgte im 19. Jahrhundert. Ungeachtet dessen könnte die Waffe ein kaiserliches Geschenk von 1548 sein. Allein die Tatsache, daß Moritz das Schwert von dem bedeutungsvollen Reichstag heimbrachte, dürfte Grund genug gewesen sein, es als Kurschwert wert zu halten. Karl V. ließ 1544 vom Nürnberger Goldschmied Wenzel Jamnitzer einen Entwurf für ein Schwert anfertigen, dem Lorenz Trunck bei der Gestaltung des Schwertes für Moritz teilweise folgte. Das betrifft insbesondere die als Karyatiden geformten Parierstangen. Die Reliefdarstellungen an den Silberbeschlägen des Schwertes beruhen auf Vorlagen der Kleinmeister Sebald Beham, Heinrich Aldegrever und Virgil Solis. Das Hauptmotiv des Schwertes bilden Herkules und Cacus. Der feuerspeiende Riese Cacus lebte vom Raub und bestahl auch Herkules, der den Dieb mit der Keule erschlug. Die Herkules-Verehrung erlebte im neuzeitlichen Herrscherkult eine Renaissance. Sowohl Karl V. als auch Moritz von Sachsen hatten sich in verschiedener Weise mit dem antiken Helden identifiziert. Der Herkules-Gruppe am Scheidenbeschlag folgen zum Ort hin die allegorischen Gestalten der Fruchtbarkeit, des Glücks, des Ehestandes, der Mäßigung und der Zeit. Zwischen diesen sind noch die Heilige Barbara und ein türkischer Krieger dargestellt. Das Gefäß des Schwertes schmücken Trophäen, Masken, Festons und Blattstäbe von Lorbeer. Die Meistermarke des Lorenz Trunck, Meister in Nürnberg seit 1528, erscheint an den Parierstangen als Brustmedaillon der Karyatiden, am Kreuzband und am mit arabeskem Ätzdekor gezierten Rücken der Scheide. Die mit sicherer Hand ausgeführten Darstellungen greifen bedeutsame Zeitthemen auf. Am Scheidenmund symbolisieren zwei Herzen tauschende Hände einen Freundschaftsbund. Sie sind ein Hinweis darauf, daß das Schwert ein persönliches Geschenk war. Bezogen auf Kaiser Karl V. und Kurfürst Moritz von Sachsen bleibt festzuhalten, daß die Annäherung der beiden herausragenden Herrscherpersönlichkeiten nur von kurzer Dauer, aber von historischer Tragweite war. Für die Herrschaft im Stammland der Wettiner bedeutete sie den Rückerwerb der Kurwürde, für Dresden die Erhebung zur kurfürstlichen Residenz. Die Klingeninschrift des Schwertes, die sich gleichermaßen als Botschaft des Kaisers wie als Wahlspruch Moritz' lesen läßt, hatte das Schicksal des wagemutigen Albertiners vorweggenommen: »Mein leben vnd endt Steht alles in Gotteß hend't 'Anno Dm MDXLVII/Wer mit dem schwert ficht. So werden mit dem schwert gericht.«   J.B.

Tafel 2 *Trabharnisch des Kurfürsten Moritz von Sachsen*
Deutsch. Um 1545

Eisen, getrieben und poliert, teils graviert, gebläut und mit Gold bemalt.
Gewicht 23 kg
Inv.-Nr. M 94
Inventar der Rüstkammer von 1606 (Nr. 72), S. 143.
Literatur: Reibisch 1826, Tab. 35 Fig. 76. – Ehrenthal 1899, S. 53 E 1. – Seidlitz 1920–1922, S. 275 Nr. 106, Tafel 26. – Haenel 1923, S. 8, Tafel 4. – Theumert 1963, S. 54 Nr. 8, Abb. – Schöbel 1973, S. 27 Nr. 4, Abb. S. 39. – Schöbel 1977, S. 54 Nr. 8, Abb.

Kurfürst Moritz trug den Harnisch laut Inventar während der Belagerung der geächteten Stadt Magdeburg (1550–1551). Daß er ihn tatsächlich bei seinem Einzug in die eroberte Stadt getragen hat, kann nicht belegt werden. Der Dekor besteht aus gebläuten, mit Rankenornament in Goldmalerei verzierten Streifen. Die Wiedergabe einer Belagerung auf dem Rückenstreifen zusammen mit der lateinischen Inschrift: »CONFITEBO TIBI DOMINE IN TOTO CORDE MEO, NARRABO OMNIA MIRABILIA TUA, LETABOR ET EXALTABO ME PSALLAM NOMINI TUO ALTISSIMO« steht in einem auffälligen Einklang mit der Eroberung Magdeburgs. Auf dem Bruststreifen befinden sich die Darstellung einer Schlacht sowie die nur noch undeutlich lesbare Inschrift: »MISERERE MEI DEUS SECUNDUM MAGNAM MISERICORDIAM TUAM ET SECUNDUM DARINEM (?) MISERATIONUM TUARUM«. Zu dem blanken Harnisch gehört eine offene Sturmhaube mit breiter, vorspringender Blende, Kinnreff und geschnürtem Kamm. An dem viermal geschobenen Kragen mit Schnurrand sitzen kurze, dreimal geschobene Achseln. Die Tapulbrust ist unter den Achseln geschoben und schließt in vier Bauchreifen ab. Der am Rücken anschließende Gesäßreifen ist in drei flachen Bogen ausgeschnitten. Am Kragen sind die achtmal geschobenen Spangröls durch Federzapfen befestigt. Die großen Armkacheln haben halbe Muscheln. Auf der Innenseite durchbrochene, glatte Unterarmröhren und Fingerhandschuhe komplettieren das Armzeug. Die langen, vierzehnmal geschobenen Schöße enden in gekehlten und getriebenen Kniebuckeln. Die glatten Beinröhren mit »Kuhmäulern« wurden später hinzugefügt. Noch im Inventar von 1606 wird an ihrer Stelle »ein weiß bar Cortubanische Stiefelnn mit vorgulten Sporen« genannt. H.S.

Tafel 3 *Reitschwert und Dolch*
des Königs Christian III. von Dänemark
Deutsch. 1557–1559

Reitschwert Gratklinge; Gefäß Eisen, geschwärzt, Beschläge Silber, gegossen, teils getrieben, ziseliert und graviert; Gehilze mit gewachster Schnurwicklung; Scheide Holz, Leder, Beschläge Silber, gegossen und ziseliert; Griffkappen des Bestecks Silber, gegossen, Griffschalen Horn, Messerklinge mit kupfertauschierter Marke.

Länge 122 cm, Klinge 107 cm, Gewicht 1 270 g; Scheide: Länge 110 cm, Gewicht 333 g
Messer und Pfriem: Länge 15 cm und 13,5 cm, Gewicht 20 g und 14 g
Inv.-Nr. VI 374
Dolch Klinge gemarkt: Hammer. Scheide mit Lotzeichen. Gratklinge mit Hohlschliff; Gefäß Silber, gegossen und ziseliert; Griffwicklung glatter, starker Silberdraht; Scheide Holz, ganzer Silberbeschlag, gegossen und ziseliert; Griffkappen des Bestecks Silber, gegossen; Griffschalen Horn, Messerklinge mit messingtauschierter Marke.
Länge 32 cm, Klinge 22 cm, Gewicht 160 g; Scheide: Länge 28 cm, Gewicht 300 g
Messer und Pfriem: Länge 27,5 cm und 8,8 cm
Inv.-Nr. p 232
Inventar der Rüstkammer von 1567, fol. 82 (Schwert) und fol. 124 (Dolch). – Inventar der Rüstkammer von 1606 (Nr. 72), S. 774 (Schwert) und S. 771 (Dolch). – Inventar der Altdeutschen Gewehrkammer von 1683 (Nr. 135), S. 174–175 Nr. 312 (Schwert und Dolch).
Literatur: Hettner/Büttner 1871, Bl. 138. – Erbstein 1889, S. 44. – Ehrenthal 1899, S. 64 E 56 und E 57. – Seidlitz 1920–1922, S. 280 Nr. 195 und 196, Tafel 28 b und 31 d. – Haenel 1923, S. 84, Tafel 42 b und S. 135, Tafel 67 e. – Schöbel 1973, S. 85 Nr. 46 b, Abb. S. 100. – Pigler 1974, Bd. I, S. 108–112. und S. 298/99 – Dresden 1991, S. 16 Kat.-Nr. 14.

Die beiden Waffen sind dem Inventar der Rüstkammer von 1567 nach »des Königs von Dennemark gewesen«. Gemeint ist der Vater der Kurfürstin Anna, Christian III. von Dänemark (1503 – König 1533–1559). August von Sachsen und seine Gemahlin Anna hatten bei mehreren Anlässen die Erinnerungsgeschenke entgegennehmen können. Sie hielten sich 1557 und zur Krönung Frederiks II. von Dänemark 1559 am Königshof in Kopenhagen auf. 1560 weilte Frederik II. zu einem Gegenbesuch in Dresden. Die beiden Herrscherhäuser waren dynastisch, politisch und konfessionell miteinander verbunden. Der Auftraggeber der mit reichen Silberreliefs ausgestatteten Waffen hatte zumindest beim Schwert den Bildinhalt und den Text der Inschrift vorgegeben. Sie haben die Aufrichtung der Ehernen Schlange in der Wüste durch Moses (4. Mose, 21, 1–9) zum Gegenstand. Die Figurengruppe erscheint im Hochrelief und ist detailliert ausgearbeitet. Die der Schlange zugewandten Personen und den gekreuzigten Christus, der alternierend zum Schlangensymbol in das Bild einbezogen ist, hat der Meister in zeitgenössischer Tracht dargestellt. Der Fürst in Bethaltung ist mit dem Auftraggeber zu identifizieren. Die Wahl des Motivs, das sich auf Pesttalern des 16. Jahrhunderts wiederfindet, steht wahrscheinlich im Bezug auf das Pestjahr 1557. Das Neue Testament begreift die vor dem Tode rettende Schlange als Symbol der Kreuzigung Christi (Joh. 3, 14). Die in niederdeutschem Dialekt abgefaßte Inschrift am Klingenblech knüpft daran an: »SELICK. ALSE. MOESES. DE. SLANGE. IN. DER. WOSTENE. FOR. HOGETHEN. ALSO. IS. DES. MINSCHEN. NE. FORHOGET. WORDEN. VP. DAT. ALE. DE. AN. EM. GELOWDEN. NICHT. SCHOLDEN. VORLAREN. WORDEN. SONDER. DAT. EWIGE. LEWENT. HEBBEN«. Die Silberarbeit am Dolch trägt eine andere Handschrift als jene am Schwert. Sie ist materialaufwendiger, aber weniger plastisch. Sie zeigt Gestalten aus der antiken Mythologie, an der Scheidenmitte auf einer Kugel stehend Justitia mit Schwert und Waage, am Mund der Scheide Phyllis, den Aristoteles zum Reittier erniedrigend, und am Ort der Scheide Ceres.

J.B.

Reitschwert und Dolch
des Kurfürsten August von Sachsen
Nürnberg. 1550–1560

Reitschwert Klinge gemarkt: Herz mit Kreuz und drei Punkten. Gratklinge mit flachem Hohlschliff und messingtauschierten Marken; Gefäß Eisen, geschwärzt, Beschläge Silber, gegossen, teils durchbrochen, und ziseliert; schwarzer Samtbezug am Gehilze Verlust.
Länge 120 cm, Klinge 105 cm, Gewicht 1 440 g
Inv.-Nr. VI 373

Dolch Am Kreuz das Monogramm A (August von Sachsen). Gratklinge; vollplastisches Silbergefäß, gegossen und ziseliert; ganzer Scheidenbeschlag Silber, gegossen und ziseliert, teils graviert, Holz- und Lederfutter und die zwei Besteckteile der Scheide Verlust.
Länge 44 cm, Klinge (Spitze abgebrochen) 30,5 cm, Gewicht 420 g
Scheide: Länge 34 cm, Gewicht 500 g
Inv.-Nr. p 202

Inventar der Rüstkammer von 1567, fol. 124 (Dolch). – Inventar der Rüstkammer von 1606 (Nr. 72), S. 769–770 (Schwert und Dolch). – Inventar der Altdeutschen Gewehrkammer von 1683 (Nr. 135), S. 175/76 Nr. 313.

Literatur: Hettner/Büttner 1871, Bl. 54 und 84. – Ehrenthal 1899, S. 96–97 E 576. – Seidlitz 1920–1922, S. 281 Nr. 212, Tafel 31 c und Tafel 38. – Haenel 1923, S. 84, Tafel 42 c und d. – Hayward 1959, S. 91 Fig. 12. – Seitz 1965, S. 309 Abb. 221 und S. 310 Abb. 212. – Schöbel 1973, S. 84–85 Nr. 46 a, Abb. S. 100. – Tokyo 1979, S. 38 Nr. 70, Abb. – Nürnberg 1985, S. 129 Abb. 10. – Pechstein 1987, S. 66 Abb. 81.

Das Reitschwert und den Dolch »hatt Churfürst Augustus ... gefürt.« Mit dieser Anmerkung sind die Waffen im Inventar der Rüstkammer von 1606 erstmals zusammen aufgeführt. Das Monogramm am Dolch bedeutet, daß die Waffengarnitur als Auftragswerk für August von Sachsen (1526 – Kurfürst 1553–1586) entstand. Der figürliche Reichtum, die Motive und die Qualität der Silberarbeit verweisen auf Nürnberg als Entstehungsort. Einzelne Schmuckteile, wie die Kriegerbüsten am Parierbügel des Reitschwertes sowie am Dolchknauf, finden sich nahezu übereinstimmend an verschiedenen Nürnberger Waffen, Becken und Pokalen wieder. Den Einfluß der Kleinmeister auf die Ausschmückung von Waffen verdeutlichen Dolchentwürfe von Peter Flötner, Mathias Zündt und Virgil Solis. Sie bieten eine Fülle ornamentaler Details. Wiederholt sind ganzfigurige Gestalten in das Zierwerk eingebunden. Auffällig sind die reliefartige Durchbildung aller Teile sowie die Bevorzugung zerklüfteter, wulstiger freier Endigungen. Der Dekor beider Waffen ist derartigen Dolchentwürfen entlehnt. Der Wechsel von Flach- und Hochrelief setzt Bedeutungsrelationen. Gegenüber dem Hauptmotiv an der Dolchscheide, der Gestalt eines römischen Kriegers in Ganzfigur, treten die zum Ort hin folgenden Trophäen und die Gestalt des Heiligen Georg mit dem Drachen etwas zurück. Die Hände mit den Ärmelkrausen, welche die Parierstangen des Dolches bilden, sind mit liebevoller Genauigkeit ausgeführt. Sie ziehen den Blick des Betrachters auf das dem Auftraggeber wesentliche Detail, das Monogramm. An der Rückseite der Dolchscheide ist ein historisierendes Bildnis Kaiser Karls des Großen graviert. Die Verehrung des Kaisers war in Nürnberg in besonderer Weise gegeben. Jährlich am zweiten Freitag nach Ostern erfolgte die öffentliche Vorzeigung der 1424 in die Heiltumskammer der Stadt überführten Reichsinsignien Karls des Großen.

Ein vergleichbares Stück zu dem Reitschwert der bemerkenswerten Waffengarnitur ist mit einem Reitschwert des Königs Gustaf Wasa von Schweden in den Livrustkammaren Stockholm überliefert. J.B.

Tafel 4 *Rapier und Dolch*
Diego de Caias
Tätig im zweiten Drittel des 16. Jahrhunderts
Spanisch. 1556
Klinge: Franciscus

Rapier Gefäß datiert: 1556, und beschriftet: IWC/ICH. Klinge signiert: ME FECIT/ FRANCISCVS, und gemarkt: A (?), Kreuz.
Gratklinge mit abgeflachtem Grat und Hohlschliff; eingeschlagene Inschrift, Marken und einfache Verzierungen; Gefäß Eisen, gebläut, gold- und silbertauschiert, teils vergoldet.
Länge 121,5 cm, Klinge 106 cm, Gewicht 1 650 g
Inv.-Nr. VI 383
Dolch Klinge signiert: DIEGO DE CAIAS/FACIEBAT, und beschriftet: INSEMINET V BENEDICETVR FILIVSTVVS.
Gratklinge, gold- und silbertauschiert; Gefäß und Scheidenbeschläge Eisen, gebläut, gold- und silbertauschiert, teils vergoldet; Scheide Holz, schwarzer Samtbezug (erneuert).
Länge 34,5 cm, Klinge 106 cm, Gewicht 220 g; Scheide: Länge 26 cm, Gewicht 70 g
Inv.-Nr. p 206
Inventar der Kurkammer von 1716 (Nr. 131), fol. 145/146 Nr. 278.
Literatur: Boeheim 1897, S. 26. – Ehrenthal 1899, S. 65 E 58, S. 67 E 85 und S. 267. – Thieme/Becker 1907–1950, Bd. 5 (1911), S. 358. – Seidlitz 1920–1922, S. 280 Nr. 192 und S. 83 Nr. 247. – Haenel 1923, S. 108, Tafel 54 b. – Historisches Museum 1959, Abb. 11. Seitz 1965, S. 215. Historisches Museum 1979, S. 24 und S. 87 Nr. 53, Abb. – Blair 1971, S. 185 Fig. 53, S. 174 Fig. 37–39. – Schöbel 1973, S. 91 Nr. 75 b, Abb. S. 126. – Tokyo 1979, S. 40 Kat.-Nr. 79, Abb. – Dresden 1990, S. 76 Kat.-Nr. III 7, Abb.

Die Arbeiten des Wehrvergolders Diego de Caias zählen zu den ersten europäischen Beispielen für die Anwendung der Tauschierkunst beim Waffenschmuck. Das Tauschieren war im Mittelalter nur im Orient bekannt. Erst in den 1540er Jahren begannen italienische und spanische Messerschmiede diese Kunst auszuüben. An den Fürstenhöfen war sie hoch geschätzt. Diego de Caias arbeitete 1535 und 1538 für den französischen Königshof. Um 1542–1543 holte Heinrich VIII. den spanischen Wehrvergolder nach England, wo er fast ein Jahrzehnt am Hof angestellt blieb.

Der weitere Lebensweg des Meisters ist nicht erschlossen. Die beiden Waffen in der Dresdner Sammlung entstanden nach der englischen Schaffensperiode. Die mit feinen goldenen und silbernen Häutchen oder Drähten aufgeschlagenen Motive sind von der muslimischen Welt berührt. Hierin äußert sich deutlich die Herkunft des Meisters. Die Kartuschen mit den Bildern umgibt ein mauresker Rankendekor. In der Schlachtenszene am Rapiergriff treffen muslimische und spanische Reiterei aufeinander. Der Parierbügel zeigt die Belagerung einer muslimischen Stadt, der Knauf die Judith mit dem Haupt des Holofernes. Die anderen Darstellungen haben einen Drachenkampf sowie Jagden in südlicher Landschaft zum Gegenstand. Der Dolchgriff zeigt eine feste Stadt mit einem heimkehrenden Reiter sowie eine Löwenjagd. An der Klinge sind Abrahams Opfer und ein Tiergarten mit Springbrunnen wiedergegeben.

J. B.

Tafel 5 *Garnitur Radschloßpistolen*
Paar Radschloßpistolen, Pulverflasche und Patronenbüchse
Süddeutsch. Um 1575

Pistolenpaar Läufe Eisen, gebläut, reiche Gold- und Silbertausia; Schloß gold- und silbertauschiert, teilweise vergoldet; Beschläge Silber, gegossen, ziseliert, graviert und vergoldet; Schäfte aus Birnbaum mit Silberdrahtintarsien, gravierte Silbereinlagen.
Länge 52,5 cm, Lauf 31,2 cm, Kaliber 14 mm, Gewicht 1 950 g
Inv.-Nr. J 4 und J 1443
Pulverflasche Hölzerner Korpus mit Eisenmontierung, Eisen, gold- und silbertauschiert, teilweise versilbert; Silberdrahtintarsien, gravierte Silbereinlagen; gegossener Silberbeschlag, ziseliert und vergoldet.
Höhe 13,4 cm, Durchmesser 9,1 cm, Gewicht 260 g
Inv.-Nr. X 1 265
Patronenbüchse Eisen, teilweise vergoldet, gold- und silbertauschiert; Holz mit Silberdrahtintarsien, gravierte Silbereinlagen; Beschläge Silber, gegossen, ziseliert und vergoldet.
Höhe 15,6 cm, Durchmesser 4,6 cm, Gewicht 250 g
Inv.-Nr. X 992
Inventar der Rüstkammer von 1606 (Nr. 72), S. 302.
Literatur: Ehrenthal 1899, S. 129 F 248. – Schöbel 1973, S. 167, Nr. 100, Abb. S. 167. – Historisches Museum 1979, S. 26 Nr. 62, Abb. S. 96. – Frauendorf 1991.

Die Radschloßpistolen mit dazugehöriger Pulverflasche und Patronenbüchse zeichnen sich durch die reichen Silbereinlagen des Holzes aus. In hervorragender Weise sind die Silber- und Goldtauschierungen der Eisenteile ausgeführt. Die prachtvolle Wirkung der Garnitur wird durch die zahlreichen silbervergoldeten Beschläge erhöht. Die Garnitur ist in ihrer Zusammengehörigkeit von Pistolenpaar, Pulverflasche und Patronenbüchse wohl einzigartig. Die im hinteren Drittel achtkantigen, anschließend runden, zur Mündung anschwellenden Läufe sind mit figürlichen, von feingliedrigem Rankenwerk umgebenen Darstellungen in Gold- und Silbertausia dekoriert. Unmittelbar hinter der Laufmündung der einen Pistole sind ein weiblicher Kopf mit Burgunderhaube und Schleier, anschließend ein Reiher abgebildet. Darunter ist in einer Kartusche eine schreitende männliche Gewandfigur mit turbanartiger Kopfbedeckung, die unter dem rechten Arm ein Saiteninstrument trägt, dargestellt. Eine weibliche Groteske ziert das achtkantige Laufdrittel. Der Lauf der anderen Pistole zeigt hinter der Mündung einen bärtigen Kopf mit Helm. Die Schloßplatten der sorgsam gearbeiteten Radschlösser sind gleichfalls mit feingliedrigem Rankenwerk, in das Frösche, ein Auerhuhn und ein geflügelter Drache eingebunden sind, dekoriert. Verschiedene Funktionsteile, wie die Abzugssicherung, der Druckknopf, die Handhabe des gleitenden Pfannenschiebers, die Hahnstudel und der Hahnkopf sind vergoldet. Beide Waffen besitzen einen Tragehaken. Die Schäfte sind über die gesamte Oberfläche mit silbernen Akanthus- und Laubwerkranken sowie Blüten und Granatäpfeln bedeckt. Hierzu bilden die zahlreichen vergoldeten Silberbeschläge – Löwenköpfe, Maskarons, Kartuschen mit Schweifwerk und Fruchtbündeln – einen außerordentlich schönen Kontrast. In der gleichen Art sind die Pulverflaschen und die Patronenbüchse dekoriert. Auf der Vorderseite trägt die Pulverflasche ein rundes vergoldetes Medaillon mit einem von Putten gehaltenen leeren Wappenschild. Die Pulverflasche und die Patronenbüchse sind mit silber- und goldtauschiertem Eisen montiert. Der Einfassungsring der Pulverflasche ist mit vier Trageösen versehen. Die schlanke Ausgußtülle für das Pulver hat einen Federverschluß. Die Patronenbüchse ist mit einem Scharnierdeckel in Form einer Sturmhaube ausgestattet. Die Arretierung des Dekkels erfolgt über einen Federstift, der von der Bodenplatte aus zu bedienen ist. Im Inneren des Behälters befinden sich kreisrunde Öffnungen zur Aufnahme von vier Papierpatronen. Auf die süddeutsche Provenienz der unsignierten Garnitur lassen sowohl die konstruktiven Merkmale der Pistolen als auch ihre kunsthandwerkliche Ausschmückung schließen. Im Inventar der Rüstkammer von 1606 ist vermerkt, daß die Garnitur »... dem alten Churfürsten Augusten zu Sachsen, Hochloblicher seligster gedechtnüs von Ascha von der Aschaburgk verehret worden«. Wie aus einem im Dresdner Staatsarchiv aufbewahrten Briefwechsel hervorgeht, erhielt Kurfürst August von Sachsen die kostbare Garnitur für seine Vermittlung in einem Streitfall. H.-W.L.

Tafel 6 *Sturmhaube und Schild*
Lucio Piccinino
Tätig in Mailand zwischen 1550 und 1580
Mailand. Vor 1567

Sturmhaube Eisen, getrieben, graviert, teils gebläut, gold- und silbertauschiert; Helmfutter roter Seidendamast, bestickt.
Höhe 28 cm, Gewicht 1 900 g
Inv.-Nr. N 149

Rundschild Eisen, getrieben, graviert, teils gebläut, gold- und silbertauschiert; Schildfutter roter Seidensamt, bestickt.
Durchmesser 60 cm, Gewicht 4 940 g
Inv.-Nr. N 148
Inventar der Rüstkammer von 1567, fol. 141. — Inventar der Rüstkammer von 1606 (Nr. 72), S. 911 (?).
Literatur: Reibisch 1826, Tab. 5 Fig. 16 und 17. — Hettner/Büttner 1871, Bl. 150, 153 und 154. — Ehrenthal 1899, S. 67 E 95 und E 96. — Haenel 1910, S. 53 ff. — Haenel 1923, S. 54, Tafel 27. — Schöbel 1972, S. 50-51 Nr. 12-15, Abb. — Schöbel 1973, S. 32 Nr. 21 und 22, Abb. S. 56 und 57. — Historisches Museum 1979, S. 12 Nr. 2, Abb. S. 36. — Scalini 1990, Abb. 21-24.

Die Sturmhaube und der zugehörige Schild des Mailänders Lucio Piccinino zählen zu den herausragendsten Prunkwaffengarnituren des 16. Jahrhunderts. Der Meister nutzte die aus dem Orient stammende Technik des Tauschierens mit Edelmetallen und führte sie zur Perfektion. In Verbindung mit seinem ausgeprägten Formengefühl ermöglichte ihm das, Werke unerreichter Meisterschaft und Schönheit zu schaffen. Die stark plastisch ausgetriebene Sturmhaube wurde mit gebläutem und teils goldtauschiertem Grund sowie gold- und silbertauschiertem Dekor versehen. Der Kamm und die Wangenklappen tragen Kriegstrophäen. Der Augenschirm der Sturmhaube ist geteilt und nach innen eingerollt. Die Federhülse wurde als bärtige Maske ausgeführt. Auf der Helmglocke befinden sich Darstellungen aus der Trajanslegende. Auf der rechten Seite reitet der Sohn des römischen Kaisers Trajan (98–117 u. Z.) den Sohn einer armen Witwe nieder. In der Legende will Trajan seinen Sohn dafür mit dem Tode bestrafen. Auf der linken Seite der Helmglocke bittet die Witwe um das Leben des kaiserlichen Sohnes. Trajan soll dieser Bitte entsprochen und seinen Sohn verpflichtet haben, für die Witwe zu sorgen. Als Vorlage für diese Darstellungen diente ein Stich von Agostino Veneziano.

Der stark plastisch getriebene Schild trägt auf gebläutem, teils goldtauschiertem Grund reichen figürlichen Dekor in Gold- und Silbertausia. Das viereckige Mittelfeld zeigt die sogenannte »Gerechtigkeit des Scipio«, gestaltet nach einem Kupferstich von Antonio Salamanca (1542) zu Livius' »Römischer Geschichte«. Nach der Einnahme der im heutigen Spanien gelegenen Stadt Carthago Nova/Cartagena (209 v. u. Z.) wurden dem Scipio Africanus durch eine Jungfrau die Schlüssel der Stadt übergeben. Das Mädchen sollte Scipio als Gefangene begleiten. Der Feldherr übergab sie jedoch der Obhut ihrer Eltern, als er erfuhr, daß sie mit einem vornehmen Jüngling verlobt sei. Die vier Seitenteile sind mit musizierenden Genien ausgefüllt. Das bestickte, von goldenen Seidenfransen eingefaßte, rotsamtene Schildfutter zeigt zwei von Amoretten umgebene Landschaftsminiaturen mit zwei ruhenden Gestalten. Die kostbare Stikkerei ist wohl eine Arbeit der Mailänder Seidenstickerin Catarina Leuca Cantona.

Gemäß dem Inventar von 1606 soll Carl Tetta 1588 die Sturmhaube mit aus Italien gebracht haben. Dies widerspricht jedoch der Zuordnung im Inventar von 1567. Haenel äußerte die Vermutung, Kurfürst August von Sachsen habe die Garnitur durch seinen Hofmarschall Heinrich von Hagen vom Herzog Philibert Emanuel von Savoyen erhalten. Scalini nennt als Schöpfer der Garnitur Pompeo Leoni. Der Dresdner Meister Franz Kaphan schuf in Anlehnung an diese Stücke im Auftrag des Kurfürsten August von Sachsen eine Armbrust und einen Bolzenkasten. H.S.

Tafel 7 *Armbrust und Bolzenkasten des Kurfürsten August von Sachsen*
Franz Kaphan
Tätig in Dresden um 1570
Dresden. Um 1570

Am Bolzenkasten das gespiegelte A als Monogramm (August und Anna von Sachsen), das kurfürstlich-sächsische und königlich-dänische Wappen.
Eisen, getrieben, mit Gold und Silber tauschiert und gebläut; Armbrust mit Eisenbogen und Hanfverankerung; Bolzenkasten mit Holzfutter und zisleliertem Samtbelag; Schlüssel Messing.
Armbrust Länge 60 cm, Breite 62 cm, Gewicht 6 350 g
Inv.-Nr. U 267
Bolzenkasten Länge 46 cm, Breite 25 cm, Höhe 25 cm, Gewicht 5 400 g
Inv.-Nr. U 268
Inventar über das Schießzeug von 1580 (Nr. 147), Bl. 6.
Literatur: Haenel 1910, S. 52–65, Abb. – Haenel 1923, S. 154, Tafel 76 d. – Thieme/Becker 1907–1950, Bd. 19 (1926), S. 541. – Tokyo 1979, S. 36 Nr. 63, Abb. – Dresden 1991, S. 17 Nr. 27 und 28.

Die vorgestellte Garnitur ist eine der eindrucksvollsten Arbeiten aus den Gründungstagen der kursächsischen Kunst- und Rüstkammer. Die Darstellungen von Historien der römischen Geschichte, wie sie an Bildwerken der Renaissance unverzichtbar sind, behandeln an dieser Garnitur die Tapferkeit als Herrschertugend und gipfeln bei der Armbrust in einer Hinrichtungsszene. Nach Haenel ist es die 340 n. Chr. von Titus Manlius Torquatus verfügte Hinrichtung seines Sohnes durch das Beil. Sein für Rom im Zweikampf errungener Sieg hatte das Verbot des Einzelkampfes mißachtet und verdiente nach der römischen Rechtsauffassung, der Imperia Manlia, strengste Ahndung. Auch der Bolzenkasten zeigt Kriegsgestalten in römischer Gewandung mit Waffen und Trophäen, während die Hauptszene auf dem Deckel einen Staatsakt darstellt, bei dem ein von zwei Frauen und einem Priester begleiteter Bittsteller vor einem sitzenden Feldherrn kniet.

Mehrere Mitglieder der Familie Kaphan waren um die Wende vom 16. zum 17. Jahrhundert im sächsischen Hofdienst tätig. Albert Erbstein erwähnt in seinem wissenschaftlichen Nachlaß Paul Kaphan, der um 1584 ein Holzpferd für ein Schlittenzeug schnitzte, und den Spengler Matz Kaphan. Darüber hinaus nennt Max von Ehrenthal Georg Kaphan für das Jahr 1587 als Verfertiger eines Sattelbogens mit »Historien Arbeitt«. Dieser könnte mit der vorliegenden Garnitur in Zusammenhang stehen. Die Treib- und Tauschierarbeit an Garnitur und Sattel ist eine sächsische Nachschöpfung der in Tafel 6 gezeigten italienischen Garnitur als Auftragswerk. Das von Händen gehaltene Monogramm symbolisiert das kurfürstliche Paar August und Anna und läßt aus Vergleichen mit anderen Werken den Analogieschluß zu, daß die Garnitur ein Geschenk der Gattin an den Kurfürsten darstellt. Über Anlaß und Entstehungsjahr gibt es noch immer Zweifel.

Das Schicksal dieser kostbaren Garnitur war abenteuerlich. 1606 gelangten beide Stücke zusammen mit der damals noch vorhandenen Armbrustwinde als Geschenk des Kurfürsten Christian II. in den Besitz des Markgrafen Johann Sigismund von Brandenburg. Die Armbrust kam später in Wallenstein'schen Besitz und gelangte aus Dux in die Sammlung des Prinzen Carl von Preußen und 1884 in das Berliner Zeughaus. Von dort wurde sie 1907 durch Karl Koetschau im Tausch gegen Brandenburgica zurückgeführt. Armbrustwinde, Bolzen und Bolzentuch sind verloren. D.S.

Tafel 8 *Feldharnisch des Kurfürsten August von Sachsen*
Jörg Seusenhofer
Innsbruck, um 1516 – Innsbruck, nach 1558
Innsbruck. Vor 1558

An der Harnischbrust das kurfürstlich-sächsische Gesamtwappen.
Eisen, getrieben, geätzt und poliert.
Gewicht 30,5 kg
Inv.-Nr. M 96
Inventar der Rüstkammer von 1606 (Nr. 72), S. 144.
Literatur: Hettner/Büttner 1871, Bl. 51. – Gurlitt 1889, S. 73. – Ehrenthal 1897–99, S. 106. – Ehrenthal 1899, S. 53 E 3. – Hefner-Alteneck 1903, Tafel 75. – Haenel 1923, S. 10, Tafel 5. – Theumert 1963, S. 54 Nr. 7, Abb. – Schöbel 1973, S. 27 Nr. 2, Abb. S. 38. – Schöbel 1977, S. 54 Nr. 7, Abb. – Historisches Museum 1979, S. 21 Nr. 44, Abb. S. 78.

Kurfürst August von Sachsen erhielt den Harnisch 1558 als Geschenk des Erzherzogs Ferdinand von Tirol.

Der in seiner Gestalt eine Übergangsform vom »Maximiliansharnisch« zu späteren Typen verkörpernde Harnisch ist leicht gerieffelt. Einzelne Teile tragen getriebenen Ranken- und Blütendekor. Auf dem Bruststreifen befindet sich das von einem Landsknecht getragene, mehrteilige sächsische Wappen. Die zugehörigen Zimire sind von zwei Fabelwesen umgeben. Darüber hinaus enthalten mehrere Ätzstreifen naturalistisches Blattwerk als Dekor.

Der blanke Harnisch setzt sich aus einem Burgunderhelm mit sogenanntem »Affenvisier«, aufschlächtigem Kinnreff und einer Federhülse, einem dreimal geschobenen Kragen, Brust mit schwachem Grat, Rücken und drei Bauch- sowie zwei Gesäßreifen zusammen. Die Brust ist an den Achseln geschoben. Die Achseln selbst sind ebenfalls geschoben und besitzen große, dreimal geschobene Hinterflüge. Vorderflug mit Flügelschraube zum Befestigen einer Tartsche und Brechrand an der linken Achsel sowie eine dreiblattförmige Schwebescheibe auf der rechten Seite ergänzen den Schulterschutz. Das Armzeug besteht aus Oberarmröhren, Ellbogenkacheln mit ganzen getriebenen Mäuseln, Unterarmröhren und Hentzen. Das Beinzeug setzt sich aus kurzen getriebenen Beintaschen, geschobenen Diechlingen, Kniekacheln mit getriebenen Muscheln, glatten Beinröhren mit Sporen und geschobenen Kuhmäulern zusammen. H.S.

Roßharnisch
aus dem Besitz des Herzogs Giuliano von Nemours
Italienisch. Um 1515

Am Roßharnisch die Initialen: M und N, das Wappen der Medici und die Devise: SEMPER SVAVE (Allzeit lieblich).
Eisen, getrieben, geätzt und poliert.
Gewicht 33,6 kg
Inv.-Nr. L 367
Inventar der Rüstkammer von 1606 (Nr. 72), S. 141.
Literatur: Reibisch 1826, Tab. 2 Fig. 2. – Hettner/Büttner 1871, Bl. 51. – Gurlitt 1889, S. 73. – Ehrenthal 1897–1899, S. 106. – Ehrenthal 1899, S. 53 E 3. – Hefner-Alteneck 1903, Tafel 75. – Haenel 1923, S. 10, Tafel 5. – Theumert 1963, S. 54 Nr. 7, Abb. – Schöbel 1973, S. 27 Nr. 2, Abb. S. 38. – Schöbel 1977, S. 54 Nr. 7, Abb. – Historisches Museum 1979, S. 21 Nr. 44, Abb. S. 78.

Der ursprünglich nicht zu dem Harnisch Kurfürst Augusts gehörige, bis 1838 in anderem Zusammenhang ausgestellte Roßharnisch besteht aus einer ganzen Roßstirn mit gitterförmigen Augenschirmen, Ohrenbechern und breiten Backen, einem ganzen geschobenen Kanz, Fürbug mit Streifbuckeln, geschweiften Flankenblechen, vollem Gelieger und durchbrochenen Zügelblechen.
Auf den Ätzstreifen zwischen den Riffeln befinden sich aus Gefäßen aufstrebende Blattranken, das Wappen der Medici in Form eines edelsteingeschmückten Ringes, aus dem drei Straußenfedern aufsteigen, die Initialen M und N sowie die Devise »SEMPER SVAVE«. Der Dekor läßt darauf schließen, daß der Roßharnisch ursprünglich für Giuliano Medici, Herzog von Nemours, gefertigt wurde. Dieser heiratete 1515 Prinzessin Philiberte von Savoyen. Da Giulianos Vater, Lorenzo Magnifico, die Devise »SEMPER« und sein Bruder Giovanni die Devise »SVAVE« trugen, dürfte es sich bei dem Roßharnisch um ein Geschenk der beiden an Giuliano zu seiner Vermählung handeln. H.S.

Kurschwert des Herzogs Moritz von Sachsen
Lorenz Trunck
Nürnberg. 1547

Tafel 1

Trabharnisch des Kurfürsten Moritz von Sachsen
Deutsch. Um 1545

*Reitschwert und Dolch
des Königs Christian III. von Dänemark
Deutsch. 1557–1559
Reitschwert und Dolch
des Kurfürsten August von Sachsen
Nürnberg. 1550–1560*

Tafel 3

Rapier und Dolch
Diego de Caias
Spanisch. 1556
Klinge: Franciscus

Tafel 4

Garnitur Radschloßpistolen
Paar Radschloßpistolen, Pulverflasche und
Patronenbüchse
Süddeutsch. Um 1575

Sturmhaube und Schild
Lucio Piccinino
Mailand. Vor 1567

Armbrust und Bolzenkasten des Kurfürsten August von Sachsen
Franz Kaphan
Dresden. Um 1570

Tafel 7

Feldharnisch des Kurfürsten August von Sachsen
Jörg Seusenhofer
Innsbruck. Vor 1558
Roßharnisch aus dem Besitz des Herzogs Giuliano von Nemours
Italienisch. Um 1515

Tafel 8

**Tafel 9
und
Einband
vorn**
*Prunkharnisch für Mann und Roß
des Königs Erik XIV. von Schweden*
Eliseus Libaerts
Erstmals in Antwerpen erwähnt 1557
Antwerpen. 1562–1564

Eisen, getrieben, geätzt, ziseliert, poliert und vergoldet; Futter roter Seidensamt.
Roßharnisch Gewicht 32,5 kg; *Mannesharnisch* Gewicht 27,7 kg
Inv.-Nr. M 100
Inventar der Rüstkammer von 1606 (Nr. 72), S. 179.
Literatur: Beutel 1703, S. 155. – Reibisch 1826, Tab. 15 Fig. 44 – Hettner/Büttner 1871, Bl. 71 bis 80. – Schmidt/Sponsel 1909, S. 46 Abb. 2 und 3. – Seidlitz 1920–1922, S. 414 Nr. 675, S. 352 Abb. 39, Tafel 77. – Haenel 1923, S. 32, Tafel 16. – Cederström/Steneberg 1945, S. 38–46, Abb. – Historisches Museum 1959, S. 48–49, Abb. – Historisches Museum 1962, Nr. 20, Abb. 20 und 21. – Theumert 1963, S. 62 Nr. 23, Abb. 23–25. – Thomas/Gamber/Schedelmann 1963, Tafel 47. – Schöbel 1966, Abb. – Martin 1967, S. 210 Abb. 174. – Historisches Museum 1972, Nr. 20 und 21, Abb. – Schöbel 1973, S. 30 Nr. 13, Abb. S. 48–51. – Nickel 1974, S. 128, Abb. – Schöbel 1977, S. 62 Nr. 23, Abb. 23–25. – Historisches Museum 1979, S. 13 Nr. 5, Abb. S. 39.

Als König Erik XIV. von Schweden aus dem Hause Wasa (1533–1577, König 1560–1568) um die Hand der Königin Elisabeth von England warb, suchte er Künstler für eine angemessene Ausstattung seiner Person. Der Prunkharnisch für Mann und Roß war eine von mehreren Arbeiten des Goldschmiedes Eliseus Libaerts für den schwedischen König. Die beeindruckende äußere Erscheinung des Harnischs in Verbindung mit der Auswahl der dargestellten Szenen entsprachen ganz dem Anliegen Eriks XIV. Nichts war dafür besser geeignet als die Taten des Herkules, dessen Kraft und Kühnheit dem königlichen Ideal jener Zeit entgegenkamen.

Erik XIV. hat die Harnischgarnitur, die künstlerisch vollendetste ihrer Art, nie gesehen. Auf der Reise zum schwedischen König wurde Libaerts 1564 auf Befehl des sich mit Schweden im Krieg befindlichen dänischen Königs Frederik II. mit zwei zu liefernden Garnituren gefangengenommen. Erst vierzig Jahre später kaufte der ebenfalls prunkliebende Kurfürst Christian II. von Sachsen (1583 – Kurfürst 1591/1601–1611) durch Vermittlung des Nürnberger Goldschmiedes Heinrich Knopf die beiden Harnische für die beachtliche Summe von 8 800 Gulden. 1611 diente die Garnitur anläßlich des Leichenbegängnisses Christians II. als »Freudenharnisch«. In der Motivik sind die Arbeiten von Libaerts eng mit den Harnischentwürfen des Zeichners und Kupferstechers Etienne Delaune für König Heinrich II. von Frankreich verbunden. Möglicherweise arbeitete auch Libaerts vor seiner Antwerpener Schaffensperiode in Paris. Alle Teile der Harnischgarnitur sind ganzflächig mit reichem Blattrankenmuster geätzt. Darüber hinaus zieren die Garnitur getriebene Blütenranken, Schmetterlinge, Vögel, Schlangen, Delphine, Früchtegruppen, Waffen, musizierende Putten, Sphingen, Greife und Masken sowie bildliche Darstellungen in runden und ovalen Rahmen. Die acht Medaillons des Mannesharnischs enthalten Szenen aus dem Trojanischen Krieg und der Argonautensage: den Raub der Helena, das Trojanische Pferd, den Kampf zwischen Hektor und Ajax, Jason mit dem goldenen Vlies und andere. Auf dem Roßharnisch sind in vierzehn Szenen die Taten des Herkules, Sohn des Jupiter und der Alkmene, wiedergegeben: Herkules erwürgt den unverwundbaren Löwen von Nemea, tötet die Hydra, fängt den erymanthischen Eber und bändigt den feuerschnaubenden Stier von Kreta. Insgesamt mußte Herkules im Dienst des Eurystheus zwölf gefährliche Aufgaben lösen.

Der überaus prunkvolle Harnisch besteht aus einem Burgunderhelm mit hohem Kamm, spitzem Visier und einem Stirnstulp, einem viermal geschobenen Kragen, einer Brust mit leichtem Gansbauch und Bauchreifen, einem Rücken mit Gesäßreifen, Armzeugen mit siebenmal geschobenen Achseln, breiten Vorder- und Hinterflügen, Armkacheln mit ganzen Muscheln und Fingerhandschuhen mit langen Stulpen, siebenmal geschobenen Beintaschen, Diechlingen, Kniebuckeln mit Muscheln, Beinröhren und Schuhen mit vier Rist- und fünf Ballengeschüben. Der Roßharnisch setzt sich aus einer ganzen Roßstirn mit gegitterten Augendächern und einem Stirnstachel, einem halben, ursprünglich dreizehnmal geschobenen Kanz, einem Fürbug, Flankenblechen, einem Gelieger und einem Kürißsattel zusammen. Bis auf die blank polierten Bildmedaillons sind der Mannes- und der Roßharnisch vollkommen vergoldet. Wer die reine Plattnerarbeit ausgeführt hat, ist unbekannt.

H.S.

Tafel 10 *Bildnis des Kurfürsten August von Sachsen*
Zacharias Wehme
Dresden, um 1558 – Dresden 1606
Dresden. 1586

Bezeichnet und datiert links in halber Höhe: Z W. F 1.5.86.
Öl auf Leinwand, 122 × 94 cm.
Inv.-Nr. H 208
Inventar der Kunstkammer von 1587 (Nr. 1), fol. 67. – Zugangsverzeichnis von 1885–1943 (Nr. 280), S. 46–47 Nr. 609/1 (1920).
Literatur: Berling 1890, S. 275–276 und 280. – Richter 1906, Tafel 3. – Sponsel 1906, S. 39 Nr. 79. – Dresden 1908, S. 13 Nr. 15 – Seidlitz 1920–1922, S. 288 Nr. 391. – Thieme/Becker 1907–1950, Bd. 34 (1942), S. 257. – Dresden 1960, S. 25 A 38. – Bäumel 1987, S. 210–211 Abb. 1–2. – Bergbau 1990, S. 106–107 Kat.-Nr. 149, Abb. 92.

Der Kurfürst ist in schwarzeiserner, goldverzierter Rüstung, mit angegürtetem, goldenem Rapier und geschultertem Kurschwert dargestellt. Über den Harnisch ist eine goldbordürte, rote Feldbinde mit Rosette und Kleinod gebunden. Der Visierhelm mit rotem Federbusch und die Hentzen sind seitlich abgelegt. Der Tod des Kurfürsten dürfte den in der Regierung nachfolgenden Christian I. von Sachsen veranlaßt haben, das

Bildnis bei Zacharias Wehme in Auftrag zu geben. Die dargestellte Rüstung ist die Leibrüstung Augusts von Sachsen. Das Kurschwert und die Leibrüstung wurden beim Leichenbegängnis dem kurfürstlichen Leichnam vorangeführt. Auch das goldene Rapier könnte jenes sein, das auf dem Leichentuch mit dem großen weißen Kreuz und dem kurfürstlichsächsischen Gesamtwappen lag. Bemerkenswert ist, daß die Hentzen, ruhenden Händen gleich, übereinandergelegt sind. Sie sind analog den Händen, wie sie im Bildnis des Kurfürsten auf dem Sterbebett von 1586 wiedergegeben sind. Zacharias Wehme stellt den Kurfürsten nicht altersgebrochen, sondern bei besten Leibeskräften dar, gerade so, wie ihn die Nachwelt in Erinnerung behalten soll. J.B.

Tafel 11 *Kurschwert des Herzogs August von Sachsen*
Nürnberg. 1566
Klinge: Passau (?)

Gefäß gemarkt: N (Nürnberger Beschau), datiert: 1566, sowie mit dem herzoglich-sächsischen Wappen und dem sächsischen Kurwappen. Scheide mit dem sächsischen Kurwappen. Klinge gemarkt: Wolf.
Gratklinge mit messingtauschierter Marke; Gefäß und Scheide Silber, gegossen, ziseliert und vergoldet; Gußteile teils vernietet, teils verlötet; doppeltes Stichblatt, farbig emailliert.
Länge 133,5 cm, Klinge 89,5 cm, Gewicht 2 800 g
Scheide: Länge 104 cm, Gewicht 2 400 g
Inv.-Nr. VI 362
Inventar der Rüstkammer von 1567, fol. 76. – Inventar der Rüstkammer von 1606 (Nr. 72), S. 466. – Inventar über das Juwelenzimmer von 1733 (Nr. 14), S. 64. – Zugangsverzeichnis von 1885–1943 (Nr. 280), S. 45 Nr. 553/17 (1913).
Literatur: Lützenburg 1566, S. 127. – Weinart 1777, S. 263. – Erbstein 1884, S. 206. – Doering 1901, S. 191. – Seidlitz 1920–1922, S. 282 Nr. 224. – Haenel 1923, S. 82, Tafel 41. – Historisches Museum 1959, Abb. 1. – Seitz 1965, S. 93, Abb. 197. – Hentschel 1966, Tafel 67. – Historisches Museum 1979, S. 13–14 und S. 42 Nr. 8, Abb. – Washington 1978, S. 117 Kat.-Nr. 145, Abb. – Bäumel 1986, S. 74–77, Abb.

Auf dem ersten Reichstag Kaiser Maximilians II. (1527 – Kaiser 1564–1576) in Augsburg ist am 23. April 1566 Herzog August von Sachsen, der 1553 die Nachfolge seines Bruders Moritz von Sachsen als Kurfürst angetreten hatte, mit dem Reichserzmarschallamt, den Reichslehen und Regalien sowie dem Kurfürstentum Sachsen feierlich durch den Kaiser beliehen worden. Das Zeremoniell erfolgte mit einem außerordentlichen Aufwand und bildete zugleich den Abschluß der Geschichte öffentlicher, das heißt »unter dem Himmel« vollzogener, kaiserlicher Belehnungen von Reichsfürsten im Heiligen Römischen Reich. Das Kurschwert ist erstmals für dieses Zeremoniell zu belegen. Es wurde dem Kurfürsten, der im Kurornat erschien und mit einem Gefolge von mehr als 1 000 Reitern aufzog, beim Gang zum Kaiser den Lehenfahnen folgend vorgetragen. Ein dem Ereignis beiwohnender Chronist beschreibt es als »ein großes Schwert in einer schönen Silberen vergulten scheiden«. In den unmittelbaren Investiturakt war es nicht einbezogen. Hierbei empfing August das Reichsschwert aus der Hand des Kaisers und reichte es dem Reichserbmarschall zurück. Die Blutfahne, die Kurfahne und die Lehenfahnen mit den Wappen der verliehenen sächsischen Provinzen warf man nach diesem Akt in die Menge. Hans Tirol (1505–1576) hat das Belehnungszeremoniell auf dem Weinmarkt in Augsburg in einem kolorierten Holzschnitt festgehalten. Die Jahreszahl 1566 auf dem Schwert stimmt mit dem Jahr der Belehnung durch Maximilian II., der 1558 schon eine Belehnung durch Kaiser Ferdinand I. vorangegangen war, überein. August nutzte das Zeremoniell zur Demonstration seiner gefestigten Stellung im Reich. Aus diesem Grund ließ er bei einem Nürnberger Goldschmied ein neues, repräsentatives Schwert fertigen. Es ist größer als jedes der überlieferten oder in Bildnissen wiedergegebenen Kurschwerter seiner Vorfahren. Die historisierende Gestaltung des Zweihänders dokumentiert, daß der Kurfürst seine Bestimmung aus der Geschichte herzuleiten suchte. Das Schwert hat eine alte Klinge mit Wolfszeichen und einen spätmittelalterlichen Fiederknauf. Die Parierstangen und die Scheide haben Endigungen in Lilienform. Der Rankendekor an der Scheide ist am gotischen Maßwerk orientiert. Das Schwert ist kostbar im Material. Das Gefäß und die Scheide sind von massivem Silber oder mit Silber plattiert und ganz vergoldet. Das Gold läßt es weithin sichtbar erstrahlen. Von Ranken umkränzt und mit frischer Farbigkeit kommen das sächsische Kurwappen mit den gekreuzten Schwertern an der einen Seite und das herzoglich-sächsische Wappen an der anderen Seite am Kreuz des Schwertes vordergründig zur Geltung. Die Schauseite kann in freier Wahl getauscht werden. Das Wappen mit den gekreuzten Schwertern erscheint nochmals am Mittelband der Scheide. Es weist den Kurfürsten als Reichserzmarschall aus. Das Schwert erfuhr als Zeremonialschwert eine gültige Gestaltung. Sie fand über die Regierungszeit Augusts hinaus Bestätigung. Noch 1733 wurde es als »das (!) Kurschwert« angesprochen. Die sächsischen Kurfürsten ließen sich in zahlreichen Bildnissen mit diesem Schwert darstellen. In Stein gehauen rückte es mit dem Kurfürstenpaar Christian II. und Sophie von Sachsen am Erker des Hauses Schloßstraße 30 (zerstört) auch in das Dresdner Stadtbild.   J.B.

Tafel 12 *Rapier des Kurfürsten August von Sachsen*
Pery Juan Pockh
Nachweisbar in Barcelona 1551–1587
Barcelona. 1575
Klinge: Forgas Foo Lopes

Klinge signiert: FORGAS/FOO LOPES.
Zweischneidige Klinge mit abgeflachtem Grat, Hohlschliff sowie eingeschlagener Inschrift und Verzierung; Gefäß Gold, gegossen, teils durchbrochen, ziseliert, Goldemail.
Länge 121 cm, Klinge 103,5 cm, Gewicht 1 300 g
Inv.-Nr. VI 413
K. u. K. Haus-, Hof- und Staatsarchiv Wien, Hofzahlamts-Rechnung 1576, fol. 230. – Inventar der Rüstkammer von 1606 (Nr. 72), S. 467. – Inventar der Kurkammer von 1716 (Nr. 131), fol. 83–84 Nr. 174 (mit Randanmerkung von 1728). – Inventar über das Juwelenzimmer von 1733 (Nr. 14), S. 262 oder 268. – Zugangsverzeichnis von 1885–1943 (Nr. 280), S. 48 Nr. 571/35 (1913).
Literatur: Brückner 1866, S. 240. – Davillier 1879, S. 207–208. – Wien 1892, S. CLXVII–CLXVIII Nr. 5349. – Ehrenthal 1897–1899, S. 107–108. – Hampe 1904, S. 368 Nr. 2641, 2642 und 2645. – Seidlitz 1920–1922, S. 281 Nr. 213. – Haenel 1923, S. 96 und 98, Tafeln 48 und 49 b. – Mutschelknauf 1929, S. 110. – Hayward 1959, S. 83, 107 und 108. – Historisches Museum 1962, Nr. 12, Abb. – Seitz 1965, Abb. 217 und Tafel 12. – Schöbel 1973, S. 86 Nr. 52, Abb. S. 206. – Hayward 1976, S. 42, 191, 276 und 317, Abb. 703. – Historisches Museum 1979, S. 14 Nr. 12, Abb.

Das Rapier und den zugehörigen, noch vorhandenen Dolch hatte Kaiser Maximilian II. dem Kurfürsten August von Sachsen »zu Dresden vorehret«. Die Prunkwaffengarnitur ist im Rüstkammer-Inventar von 1606 entsprechend vermerkt. Maximilian II. weilte zuletzt vom 15. bis 21. April 1575 am kursächsischen Hof. Der in der Gästerunde weilende Fürst Joachim Ernst von Anhalt berichtet, daß der Kaiser am Tag vor der Abreise seinem Gastgeber »ein schon Rappir von goldt, silber vnnd Eddelgesteinen« überreichte. Die Beschreibung der Waffe ist mit den Merkmalen des vorliegenden Rapiers nicht ganz stimmig. Jedoch können die Effekte des Goldemails und der zahlreich über das Gefäß verteilten, teils aufgereihten, kugeligen Knöpfchen zu dem vom Zeitzeugen gewonnenen Eindruck geführt haben. Eine kaiserliche Hofzahlamts-Rechnung vom 2. Juni 1576 belegt den Kauf des Waffengeschenkes: »Dem Goldschmied der Kaiserin Maria, Pery Juan Pockh werden für ein von ihm angefertigtes Rapier, dessen Knopf, Kreuz, Ortband und Gürtelbeschläge aus Gold waren und welches Kaiser Maximilian II. anläßlich seiner Anwesenheit in Dresden im April 1575 dem Kurfürsten August zum Geschenke gemacht hatte, der Goldwerth von 399 Kronen und der Macherlohn von 1 000 Gulden rheinisch, zusammen 1 611 Gulden. 48 Kreuzer bezahlt.« Pockh, dessen Name auf eine deutsche Herkunft verweist, ein Hans Pock ist 1542 in den Goldschmiede-Akten des Rates von Nürnberg als »Ausbereiter« erwähnt, absolvierte 1551 die Meisterprüfung vor der Goldschmiede-Gilde von Barcelona, der er noch 1587 angehörte. Die hoch belohnte Goldschmiedearbeit des Rapiers, der Macherlohn übersteigt den Goldwert bei weitem, ist künstlerisch durchgebildet und virtuos ausgeführt. Sie steht gleichermaßen unter italienischem, spanisch-mareskem und deutschem Einfluß. Emailliertes Roll- und Bandwerk, versetzt mit Muscheln, Zierleisten, Masken und Karyatiden, breiten sich reliefartig über den Griff, die Stangen und Bügel. Der Rapierknauf und die Endknäufchen der Parierstangen haben die Gestalt exotischer Gewächse. Die Drachenköpfe mit den Parierstangen im Schlund sowie die sich um den Griff und Knauf windenden, glatten, schwarz geschuppten Schlangen vermitteln dem ausgewogenen Rhythmus der Formen ein spannungsvolles Moment. Das Schwarz, Blau und Weiß des Emails in Korrespondenz zum mattgoldenen Grund verleihen der Waffe eine festliche Eleganz, die sie in idealen Einklang zur zeitgenössischen spanischen Hoftracht stellt. Dem Meister der preziösen Waffe sind wohl noch drei weitere Rapier-Garnituren in der Dresdner Rüstkammer, Geschenke der kaiserlichen Familie an August von Sachsen und dessen Sohn in den Jahren 1560, 1562 und 1575, zuzuschreiben.

J.B.

Tafel 13 *Dolch*
Christoph Weiditz
Straßburg oder Freiburg, um 1500 – Augsburg 1559
Augsburg. Mitte des 16. Jahrhunderts

Mundblech der Scheide signiert: CHRISTOF WEYDITZ IN AVGVSTA VIN DELICA FACIEBAT.
Rückenklinge übergehend in Gratklinge, am Ansatz geätzt und vergoldet, Schlagmarken; Figuren am Griff Silber, gegossen, ziseliert und vergoldet, sowie Elfenbein, geschnitzt; Scheide Holz, Leder, brauner Samtbezug (erneuert), Beschläge Silber gegossen, teils getrieben, ziseliert und vergoldet; Griffschalen des Beimessers Horn; Griffkappe Silber, gegossen, ziseliert und vergoldet; Messerklinge mit Schlagmarke; ein Besteckteil und die Dolchkette sind Verlust.
Länge 38 cm, Klinge 27,7 cm, Gewicht 260 g; Scheide: Länge 29 cm, Gewicht 150 g
Messer: Länge 19,5 cm, Gewicht 40 g
Inv.-Nr. p 203
Inventar der Rüstkammer von 1567, fol. 123. – Inventar der Türkenkammer von 1674 (Nr. 244), S. 43 Nr. 142.
Literatur: Hettner/Büttner 1871, Bl. 118. – Erbstein 1889, S. 44. – Weiß 1897, S. 107. – Ehrenthal 1899, S. 101 E 625 und S. 266. – Seidlitz 1920–1922, S. 281 Nr. 222. – Rosenberg 1922–1928, Bd. I, S. 35–36 Nr. 339. – Vöge 1932, S. 138 und S. 157–162, Abb. 15–21. – Thieme/Becker 1907–1950, Bd. 35 (1942), S. 287–268. – Tokyo 1979, S. 30 Kat.-Nr. 44, Abb. – Hayward 1976, S. 44 und 64. – Seling 1980, Bd. I Nr. 598, Bd. III S. 42 Nr. 598. – Schädler 1987, S. 161–173, 183, Abb.

Der Dolch ist ein Meisterwerk der Kleinplastik. Eine Herme bildet den Griff. Die Figur in vergoldetem Silber und Elfenbein erhebt sich eigenständig über der Parierstangenbasis. Den Hüften der Herme ist ein Rock umgelegt. Mit der weichen Ausarbeitung der Schoßfalten, die durch die Verwendung von Elfenbein möglich wird, bleibt die Körperhaftigkeit der Figur im Ganzen gewahrt. Der Kopf mit der anmutigen Haartracht findet sich an den Parierstangen, dem Scheidenort sowie der Griffkappe des Beimessers als Zitat. Am Mundblech der Scheide erscheint, in gleißendes Licht gestellt, die Fortuna. Auf einem Delphin stehend gleitet sie selbstvergessen über das Wasser. Das geschwellte Segel und der zurückgenommene Arm der Frauengestalt schließen sich zu einem Bogen, der einen intimen Bezirk schafft. Am Ortband neigt sich eine lächelnde Frauengestalt einem Rosenzweig zu. Die Schriftrolle in ihren Händen enthüllt die Wunschformel: »GELICK VND FREYD«. Die Arbeit gehört in die späte Schaffensphase des Meisters. Christoph Weiditz hatte sich hier stärker der Plastik gewidmet. Seine Vorbilder suchte er in der eigenen künstlerischen Umgebung und in der italienischen Kunst. Ungeachtet seiner Meisterschaft hatte es der Künstler schwer, sich gegenüber der Augsburger Goldschmiede-Innung zu behaupten. Sein kaiserliches Privileg setzte ihn zwar in das Recht, Goldschmiedearbeiten auszuführen, aber reguläre Aufnahme in die Innung fand er nicht. Deshalb führte er keine Meistermarke. Der Dresdner Dolch ist die einzige signierte Arbeit von Weiditz. Bei der Bestimmung anderer Plastiken von der Hand des Meisters wird man stets auf diesen Dolch zurückkommen. J.B.

Tafel 14 *Brettspiel des Kurfürsten Christian I. von Sachsen*
Deutsch. 1590
Wachsbossiererarbeit:
Heinrich Rappusch d. Ä.
Bürger in Berlin 1574, hier gestorben 1592

Holz, schwarz bemalt; Beschläge und Einlagen Silber, geätzt, sowie vergoldetes Messing, gegossen, teils durchbrochen, ziseliert, teils geätzt und farbig emailliert; Smaragde mit Facettenschliff in Kastenfassungen; farbige Wachsreliefs, Perlen- und Schmucksteinbesatz, Glas; zweimal 15 Brettsteine Holz, gedrechselt, Fassungen Silber und vergoldetes Messing, graviert, farbige Wachsbildnisse im Relief, Perlenbesatz, Glas.
Länge 39 cm, Breite 39 cm, Höhe 5,4 cm; Brettsteine: Durchmesser 4,5 cm
Inv.-Nr. P 132
Inventar der Kunstkammer von 1595 (Nr.3), S.613. – Inventar der Kunstkammer von 1741 (Nr.11), S.500 (mit Nachtrag von 1832). – Zugangs- und Abgangsverzeichnisse 1832–1840 (Nr. 278), S. 17.
Literatur: Weinart 1777, S.277. – Frenzel 1850, S.8 Nr.3. – Hettner/Büttner 1871, Bl.19. – Rahnfeld o.J. (vor 1876), S.9 Nr.1. – Erbstein 1889, S.7. – Ehrenthal 1899, S.31. – Seidlitz 1920–1922, S.413 Nr.651. – Holzhausen/Watzdorf 1931, S.235 und 247–254. – Watzdorf 1933, S.171. – Dresden 1960, S.87–89, Abb. G 57. – Dresden 1991, S.20 Kat.-Nr.25.

Das Brettspiel gelangte als Geschenk des Kurfürsten Johann Georg von Brandenburg an Christian I. von Sachsen (1560 – Kurfürst 1586–1591) in die Dresdner Kunstkammer. Es wurde »zum neuen Jahr vberschigkt, den 19. January Ao. 91«. Die Kurhäuser Sachsen und Brandenburg standen im 16. Jahrhundert in enger freundschaftlicher Verbindung. Dem entsprach die Wahl des Geschenkes. Mit seinem zierlichen und farbenfrohen Schmuck lädt es zum gemeinsamen Spiel ein. Außen war der Spielplan zum »Schacht vnd Schafspiel in seidenstücker arbeit« aufgebracht. Dieser ist Verlust. Innen findet sich ein durch silberne und messingvergoldete Einlagen gebildeter Spielplan zum Tricktrack. Die zu diesem Spiel benötigten Würfel sind nicht vorhanden oder erwähnt. Die Rankenleiste am inneren Rahmen des Kastens bindet sechzehnmal das Motiv eines geflügelten, gekrönten, mit großem Smaragd besetzten Herzens, das von gekreuzten Pfeilen durchbohrt und von Händen gehalten wird, ein. Dieses Motiv ist ein Freundschaftssymbol. Es bildet das Hauptmotiv der von Christian I. 1589 gestifteten Goldenen Gesellschaft, welcher auch Johann Georg von Brandenburg (1525 – Kurfürst 1571–1598) angehörte. In die Brettsteine sind zweimal fünfzehn Wachsbildnisse unterschiedlicher Fürsten eingefügt. Mit August und Christian I. sowie Joachim, Johann Georg und Johann Friedrich sind hier die sächsischen sowie die brandenburgischen Kurfürsten mehrerer Generationen vertreten. Die anderen dargestellten Fürsten waren sowohl mit Kursachsen als auch mit Kurbrandenburg eng verbunden, so der König Frederik II. von Dänemark, die pommerschen Herzöge Johann Friedrich und Barnim XII. sowie Heinrich II. und Julius von Braunschweig-Wolfenbüttel. Die Wachsbildnisse von Heinrich Rappusch d.Ä. beeindrucken durch die aufmerksame Behandlung der Details, wie Federn, Hals- und Ärmelkrausen sowie Schmuck. Die sechzehn in den Rahmen eingelassenen wächsernen Miniaturbilder mit Jagden, Reiterkämpfen und anderen bewegten Szenen erscheinen als verkleinerte Welten. J.B.

Tafel 15 *Dolch*
Süddeutsch. 1560–1580

Gekrümmte Klinge, zweischneidig; aufgenietete eiserne Zierbeschläge, durchbrochen, gebläut, teils geätzt, teils vergoldet, gold- und silbertauschiert; Gefäß Eisen, Griff Holz, Beschläge Gold, gegossen, durchbrochen, Goldemail, eingesetzte Granatkörner und aufgesetzte Kameen; Knauf und Figuren an den Parierstangen Onyx, geschnitten, zwei eingesetzte Rubine; Scheide Holz, Beschläge analog dem Gefäß.
Länge 33,5 cm, Klinge 21,5 cm, Gewicht 270 g; Scheide: Länge 25,3 cm, Gewicht 200 g
Inv.-Nr. p 221
Grünes Gewölbe, Zu- und Abgänge 1702–1748 (Kriegsverlust). – Inventar über das Juwelenzimmer von 1733 (Nr. 14), S. 74–76 Nr. 8. – Zugangsverzeichnis von 1885–1943 (Nr. 280), S. 49 Nr. 581/9 (1914).
Literatur: Haenel 1923, S. 126, Tafel 67 c. – Krempel 1967, S. 155–156, Abb. 56. – Schöbel 1973, S. 89 Nr. 62 b, Abb. S. 117. – Boccia/Coelho 1975, S. 389–390 Nr. 518 und 519, Abb. – Historisches Museum 1979, S. 14 Nr. 11 b, Abb. S. 45. – Tokyo 1979, S. 230 Kat.-Nr. 45, Abb. und Tafel. – Dresden 1991, S. 16 Kat.-Nr. 13.

Der Dolch hat einen ausgesprochen preziösen Charakter. Das Gefäß und die Scheide sind vollkommen von farbig emailliertem und mit Granatkörnern versetztem Rollwerk in Durchbrucharbeit eingefaßt. Die zahlreichen mittig und an den Schmalseiten angeordneten Kartuschen nehmen Kameen mit römisch-antiken Darstellungen auf. Die Kamee am Kreuzband zeigt den Opfertod des Marcus Curtius. Die anderen Kameen geben unter anderem Herkules, Leda, Bacchus und Ariadne wieder. Die zierlichen Kameen mit ihren lebendigen Gestalten und feinen Farbabstufungen kommen nur schwer gegen das übermächtige Rollwerk auf. Den kurzen Parierstangen sind weibliche Halbfiguren von Onyx und miniaturhafte Festdekorationen in Gold aufgelegt. Der Knauf, ein Drachenkopf von grau-weißem Onyx mit Augen von Rubinen, und die mit einem Zierbeschlag versehene, gekrümmte Klinge verleihen dem Prunkdolch einen orientalischen Akzent. Als Meister der Goldschmiedearbeit kommen die Münchner Hans Mielich und Ulrich Eberl in Betracht. Einer Aktennotiz Erna von Watzdorfs verdanken wir die Nachricht, daß der Dolch 1705 aus dem königlichen Kabinett, daß heißt der Geheimen Verwahrung, genommen und versetzt, 1714 aber wieder eingelöst wurde. Die Tatsache, daß man den Dolch noch nach neun Jahren zurückerlangte, steht für dessen Wertschätzung.

Die Herkunft des Stückes konnte bislang nicht belegt werden. Eine der Gestaltung nach vergleichbare Waffe, ein Säbel mit Löwenkopf, durchbrochenem Rollwerk und Steinbesatz, ist aus dem Besitz des Herzogs Carl Emanuel I. von Savoyen, der dem sächsischen Kurfürsten verschiedene Waffengeschenke verehrte, in der Real Armeria Madrid überliefert. J.B.

Tafel 16 *Paar Radschloßpistolen*
Wolf Danner
Erwähnt in Nürnberg 1537 bis 1553
Nürnberg. Um 1550

Läufe bezeichnet: WD mit Schlange (Meistermarke des Wolf Danner), Nürnberger Beschau (N); Pfannendeckel bezeichnet: HG.
Eisen, geätzt, graviert und vergoldet; Schäfte Nußbaum, gravierte Beineinlagen; Knäufe Buchsbaum, geschnitten.
Länge 57,5 cm, Lauf 35,5 cm, Kaliber 13 mm, Gewicht 1 675 g
Inv.-Nr. J 126 und J 127
Inventar der Büchsenkammer von 1667 (Nr. 162), S. 271 Nr. 73.
Literatur: Ehrenthal 1899, S. 126, F 171. – Schöbel 1973, Nr. 101, Abb. S. 168. – Willers 1973, S. 274 und 327.

Die in der hinteren Laufhälfte achtkantigen, anschließend runden Läufe mit starker Mündungswulst sind mit geätztem und vergoldetem Rankenwerk auf punziertem Grund dekoriert. Auf der oberen Laufläche sind die Nürnberger Beschau mit gespiegeltem N und die Meistermarke Danners, eine Schlange, eingeschlagen. Die Laufschrägen tragen an der Kammer die Initialen WD. Der Übergang vom achteckigen zum runden Laufteil wird durch einen Zierring betont. Die Radschlösser mit flacher Schloßplatte und außenliegendem Rad ziert feingliedriges Rankenwerk auf vergoldetem Grund. Vergoldet sind die Kanten der Schloßplatte und der Ring der leicht gewölbten Radkappe. Gravierte Ranken schmücken den Kopf des Hahns. Die Hahnfeder mit blattförmig ausgeschmiedetem unteren Schenkel, die Abzugssicherung und die Sicherungsfeder sind graviert und gestochen. Der gleitende Deckel der Pfanne trägt die gravierten Buchstaben HG. Der Druckknopf des Pfannenschiebers und der runde Abzug sind gerade und haben profilierte Enden. Die Federstudel auf der Innenseite des Schlosses zeigt gravierte Blätter. An der schmalen, gebläuten Schloßgegenplatte ist ein schlanker, runder Tragehaken befestigt. Die Schäfte der Pistolen sind überaus reich mit gravierten Beineinlagen geschmückt. Sie zeigen Blattwerk, Jagdtiere, Jagdszenen mit Hirsch- und Wildschweinjagd, allegorische und mythologische Figuren. Von besonderem Reiz sind die Pistolenknäufe in Form von geschnittenen Otterköpfen mit echten Zähnen und Augen aus gelbem Glas. Der Hersteller des Pistolenpaares, Wolf Danner, ist Angehöriger einer bis in das 17. Jahrhundert weitberühmten Nürnberger Büchsenmacherfamilie. H.-W. L.

*Prunkharnisch für Mann und Roß
des Königs Erik XIV. von Schweden*
Eliseus Libaerts
Antwerpen. 1562–1564

Bildnis des Kurfürsten August von Sachsen
Zacharias Wehme
Dresden. 1586

Tafel 10

Kurschwert des Herzogs August von Sachsen
Nürnberg. 1566
Klinge: Passau (?)

Tafel 11

Rapier des Kurfürsten August von Sachsen
Pery Juan Pockh
Barcelona. 1575
Klinge: Forgas Foo Lopes

Dolch
Christoph Weiditz
Augsburg. Mitte des 16. Jahrhunderts

Tafel 13

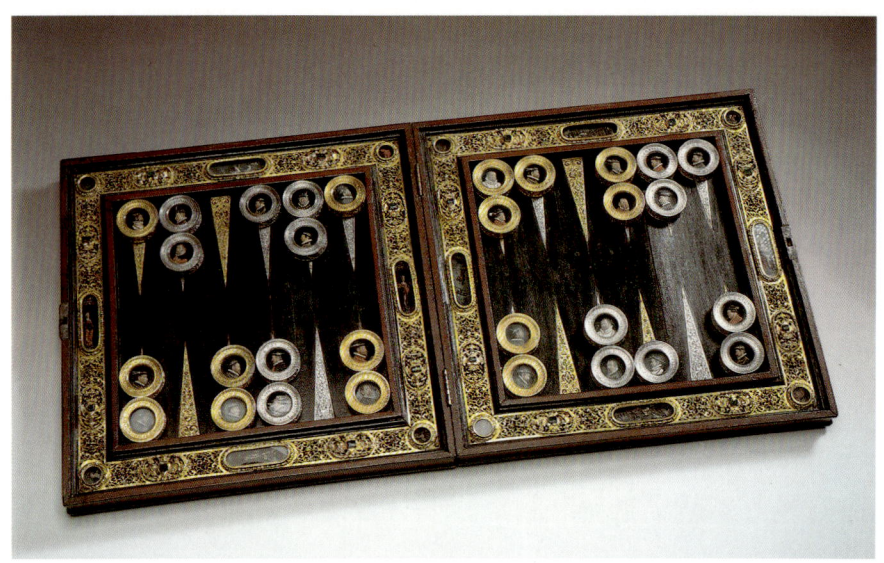

Brettspiel des Kurfürsten Christian I. von Sachsen
Deutsch. 1590
Wachsbossiererarbeit: Heinrich Rappusch d. Ä., Berlin

Dolch
Süddeutsch. 1560–1580

Paar Radschloßpistolen
Wolf Danner
Nürnberg. Um 1550

Tafel 16

Tafel 17 *Paradeharnisch des Kurfürsten Christian I. von Sachsen*
Dresden. 1590

Auf dem Helmkamm und der Roßstirn das kurfürstlich-sächsische Wappen.
Silber, getrieben, graviert und poliert.
Gewicht 11,4 kg
Inv.-Nr. M 63
Staatsarchiv Dresden, Loc. 8697, Inventar der Kleiderkammer von 1591. – Inventar der Rüstkammer von 1606 (Nr. 72) S. 459.
Literatur: Hettner/Büttner 1871, Bl. 81. – Ehrenthal 1899, S. 46 D 2. – Haenel 1923, S. 28, Tafel 14. – Theumert 1963, S. 59 Nr. 16, Abb. – Schöbel 1973, S. 29 Nr. 9, Abb. S. 44. – Schöbel 1977, S. 59 Nr. 16, Abb. – Wozel 1979, S. 87 Nr. 47 und 48, Abb. – Historisches Museum 1979, S. 20 Nr. 41, Abb. S. 75. – Bergbau 1990, S. 115 Nr. 170, Abb. S. 103. – Dresden 1991, S. 20 Nr. 30, Abb.

Der Harnisch zählt zusammen mit einem zweiten zu den herausragenden monumentalen Silberarbeiten seiner Zeit. Zugleich gehört das Paar zu den eindrucksvollsten Zeugnissen der Geschichte des Plattnerhandwerks. Die beiden Paradeharnische wurden 1590 für Kurfürst Christian I. von Sachsen und Fürst Christian von Anhalt-Bernburg (1568 – 1603–1630) geschlagen, die sie bei den Festlichkeiten zur kurfürstlichen Taufe 1591 in Dresden trugen. Der silberne Harnisch ist mit Kriegerdarstellungen und Waffentrophäen in mehreren Medaillons verziert. Die Flächen zwischen den Medaillons sind mit Ranken, Blüten und Kriegstrophäen ausgefüllt. Die Nelken und andere Blumen sind ganz in der Art türkischer Blütendarstellungen gestaltet.

Der Harnisch besteht aus einem Burgunderhelm mit hohem Kamm, Stirnstulp, Federhülse in Löwenkopfform und aufschlächtigem Visier, einem viermal geschobenen Kragen, Brust mit Gansbauch und Rücken. Achseln, Vorder- und Hinterflüge sind geschoben. Armzeug mit geschlossenen Muscheln an den Armbeugen und Fingerhandschuhe mit langen Stulpen schließen sich an. Die zugehörige halbe Roßstirn trägt wie der Helmkamm das kurfürstlich-sächsische Wappen.   H. S.

Turnierrock
Sächsisch. Erstes Viertel des 17. Jahrhunderts

Oberstoff dunkelbrauner Seidensamt; Stickerei von Goldgespinst (vergoldeter Silberlahn um Seidenseele) in Anlegetechnik über Leinenfadenunterlage, in den Figuren teils stark reliefartig ausgebildet; Konturen und lineare Formen in Schnürchenstickerei; Schnürchen als Einzelfaden, gedrehte Kordel oder gekettetes Schnürchen gelegt oder aufgestickt; in die Stickerei sind in verschiedener Weise silbervergoldete Pailletten, Kantillen und Lahne einbezogen; Futter gelber Taft; Galon Goldgespinst in Leinenbindung.
Taille 103 cm, Länge 40–43 cm, Saum 374 cm
Galon: Breite 1,5 cm
Inv.-Nr. I 70
Literatur: Hettner/Büttner 1871, Bl. 12. – Ehrenthal 1899, S. 46. – Dresden 1908, S. 17 Nr. 56. – Washington 1978, S. 114 Kat.-Nr. 142, Abb. S. 116. – Bergbau 1990, S. 115 Kat.-Nr. 170, Abb. S. 103. – Dresden 1991, S. 28 Kat.-Nr. 44, Abb. S. 21.

Der Turnierrock wurde bei Ritterspielen wie dem Fußturnier oder Paillenrennen ergänzend zum Harnisch getragen. Die Aufnahme eines Rokkes in die Turnierkleidung erfolgte im Rückgriff auf die Antike. Er ist dem Waffenrock der römischen Krieger, denen man im Turnier nachzueifern suchte, frei nachgestaltet. Wegen ihrer Verwendung beim Paillenrennen werden die Turnierröcke im Inventar der Rüstkammer zum Teil als »Baltröcke« bezeichnet. An anderer Stelle kommt für die Turnierröcke der Begriff »Schurz« vor. Die Turnierteilnehmer zogen meist zu dreien in einem Glied auf. So erklärt es sich, daß es von diesem Rock noch zwei Wiederholungen im Sammlungsbestand gibt. Dem Material und der schönen Stickerei nach wurden die drei Röcke von fürstlichen oder anderen privilegierten Personen getragen. Die Turnierkleider fertigten am Hof angestellte Schneider und Seidensticker. An der Stickerei mit den weitläufig geschwungenen und von Schleifen gebündelten Ranken wird augenscheinlich, über welch vorzügliche Seidensticker die sächsischen Kurfürsten verfügten.
J. B.

Paradeharnisch
des Fürsten Johann Georg von Anhalt-Dessau
Dresden. 1590

Auf dem Helmkamm das Wappen der Fürsten von Anhalt.
Kupfer, getrieben, graviert, vergoldet und poliert.
Gewicht 15,5 kg
Inv.-Nr. M 104
Inventar der Rüstkammer von 1606 (Nr. 72) S. 59.
Literatur: Hettner/Büttner 1871, Bl. 12. – Ehrenthal 1899, S. 57–58 E 9, 11, 13. – Dresden 1908, Nr. 56 S. 17. – Haenel 1923, S. 26 Tafel 13a. – Wozel 1979, S. 88 Nr. 51, Abb. – Historisches Museum 1979, S. 13 Nr. 7, Abb. S. 41.

Der kupferne Harnisch ist graviert und vollständig vergoldet. Obwohl er die Form eines Fußturnierharnischs hat, war er, wie sein silbernes Pendant, ein reines Prunkstück, welches aufgrund seines weichen Materials nicht wirklich zum Turnier benutzt werden konnte.

Der Harnisch besteht aus einem Burgunderhelm mit hohem Kamm, Stirnstulp und aufschlächtigem Visier, einem fünfmal geschobenen Kragen, Rücken und Brust mit Gansbauch. Achseln, Vorder- und Hinterflüge sind geschoben. Armzeug mit geschlossenen Muscheln und Fingerhandschuhe schließen sich an.

Der Dekor setzt sich aus Blattranken mit Granatapfelmotiven, Kriegerfiguren, Reitern, heraldischen Adlern, Herkules mit dem Löwen und der Hydra, Judith mit dem Kopf des Holofernes und anderen figürlichen Darstellungen zusammen. Auf dem Kamm des Helmes befindet sich das von einem Löwen und einem Greifen gehaltene Wappen der Fürsten von Anhalt.

Die Dresdner Rüstkammer besitzt zwei weitere gleichartige Harnische mit geringen Dekorunterschieden. Die drei Harnische wurden 1590 für

Kurfürst Christian I. von Sachsen sowie die Fürsten Christian von Anhalt-Bernburg und Johann Georg von Anhalt-Dessau (1567 – 1603–1618) geschlagen. H.S.

Turnierrock
Sächsisch. Zweite Hälfte des 16. Jahrhunderts
Oberstoff: spanisch oder italienisch
Mitte des 16. Jahrhunderts

Oberstoff: Brokatell
Grund: Kettköper in karminroter Seide; Grundschuß Seide, rosenholz; Lancierung mit feinem, einseitig vergoldetem, doppeltem Silberdraht in gleichseitigem Köper.
Figur: gelber seidener Musterschuß in gleichseitigem Köper; Lancierung mit feinem, vergoldetem doppeltem Silberdraht.
Kontur und Arabeske: Kettköper (S-Gratköper und Z-Gratköper) in roter Seide ohne Lancierung.
Leiste: Kettköper in Seide (grün/weiß/rosenholz/gelb), an der linken Leiste ein mit Häutchengold beschichteter Seidenfaden.
Borte: Goldgespinst (vergoldeter Silberlahn um Seidenseele), gemusterte Köperbindung.
Galon: Goldgespinst, Leinbindung.
Futter: Leinen in Leinwandbindung, rosenholz.
Textilanalyse: Kathrin Barbara Franeck.
Rock: Taille 100 cm, Länge 41–44 cm, Saum 319 cm; Borte: Breite 3,3 cm
Galon: Breite 1 cm; Oberstoff: Bahnbreite ohne Leisten 60 cm, Leiste 1,5 cm
Rapport: Höhe 42,5 cm, Breite 29 cm
Inv.-Nr. I 377
Literatur: Historisches Museum 1979, S. 72, Abb. 38.

Der Turnierrock wurde bei Ritterspielen getragen. Als Oberstoff fand ein Seidenstoff mit Webmuster, den silbervergoldete Fäden durchziehen, Verwendung. Solche Stoffe bezeichnete man im 16. Jahrhundert als »golden Stück«. Ihr Gebrauch war ausschließlich fürstlichen Personen vorbehalten. Das Hauptmotiv des Webmusters bildet ein Granatapfel. Das Granatapfelmuster hat seinen Ursprung im Orient und trat in Europa zuerst bei italienischen Seidengeweben des Mittelalters auf. Noch bis zur Mitte des 16. Jahrhunderts stand es in der Fürstenmode in hohem Ansehen. Die Mustergruppe, der das Granatapfelmuster des Turnierrockes angehört, wurde im zweiten Drittel des 16. Jahrhunderts geprägt. Der Granatapfel erscheint hier als Herzstück eines ovalen Rahmenwerkes. Die Rahmen verbinden sich zu einem Netz. Ein ähnliches Granatapfelmuster, jedoch in noch prächtigerer Ausführung, findet sich am Bräutigamskleid Augusts von Sachsen aus dem Jahre 1548. Aufgrund seiner Musterung und komplizierten Webtechnik muß der Stoff in Italien oder Spanien, die im 16. Jahrhundert eine führende Stellung in der Seidenweberei einnahmen, erzeugt worden sein. Der maureske Einschlag der Musterung weist mehr nach Spanien. J.B.

Tafel 18 *Radschloßgewehr des Kurfürsten Christian II. von Sachsen*
Linz. 1601
Lauf:
Marx Götersdorfer
Als Büchsenmacher 1601 nur mit dieser Arbeit nachgewiesen
Schaft:
Elias Leckner
Als Schäfter in Linz zwischen 1608 und 1615 nachgewiesen

Lauf signiert und datiert: MARX GÖTERSTORFER LINNZ 1601.
Am Schaft signiert: EL, sowie das kurfürstlich-sächsische Wappen mit der Umschrift: VIRTVTIS SAXON: DECVS ET ASYLVM (Der Sachsen Tugend: Ruhmestat und Freistatt).
Lauf Eisen, an drei Stellen mit Gold tauschiert, das Visier vergoldet; Schloß gebläut, Radbuckel und Auflage Messing, durchbrochen und vergoldet; Hahn und Abzugsbügel Eisen, graviert; Schaft Nußbaum mit Beinkanten und kleinteiligen Beineinlagen und beinerner Kolbenplatte.
Länge 116 cm, Lauf 87 cm, Kaliber 16 mm, Gewicht 4640 g
Inv.-Nr. G 228
Inventar der Büchsenkammer von 1667 (Nr. 162), S. 59 Nr. 135.
Literatur: Ehrenthal 1900, S. 23 Nr. 228. – Seidlitz 1920–1922, Tafel 93a Nr. 905a. – Thieme/Becker 1907–1950, Bd. 14 (1921), S. 315. – Thomas/Gamber/Schedelmann 1963, Tafel 69. – Hayward 1968/1969, S. 131 Nr. 58, Abb. – Schöbel 1973, S. 160 Nr. 117, Abb.

Goldtauschierung und Einlegearbeit von einem nur selten erreichten künstlerischen Rang verbinden sich bei diesem Gewehr mit einem Lob auf die Tugenden Sachsens. In den sich verschärfenden Glaubenskämpfen galt der Kurfürst von Sachsen als Schutz und Schild des Protestantismus, dessen Treue sich aber auch die kaiserliche Partei zu versichern hatte. Adressat des Gewehres war der achtzehnjährige Christian II. von Sachsen, der 1601 die zehnjährige Administration beendete. Seine besondere Bedeutung erhält das Gewehr durch die Kunst des Schäfters. In der Feingliedrigkeit der Darstellung und im Übermaß an Details zeigt der Schaft alle Merkmale des Manierismus der Schule von Fontainebleau. Die Meisterleistungen des Manierismus im Kunsthandwerk sind zumeist an Kabinettschränken und Kunstmöbeln zu finden, aber ebenso an Schäfterarbeiten. Durch seine Beinintarsien gehört das Gewehr zu einer Gruppe von Waffen der Wiener Jagd- und Leibrüstkammer, die wahrscheinlich einer Werkstatt angehören und ebenfalls als diplomatische Geschenke dienten.   D.S.

Tafel 19 *Rapier des Kurfürsten Christian II. von Sachsen*
Italienisch. Vor 1605
Klinge: Federico Picinino, Mailand

Klinge gemarkt: bekrönter Turm in ovalem Medaillon mit der Umschrift FEDERICO/PICININO.
Gratklinge mit Hohlschliff und Schlagmarken; Gefäß Eisen, punziert und vergoldet; Beschläge Gold, gegossen, durchbrochen, ziseliert, Gold- und Maleremail; große und kleine Rubine und Bergkristall mit Facettenschliff in Kastenfassungen.
Länge 125 cm, Klinge 108 cm, Gewicht 1550 g
Inv.-Nr. VI 432
Inventar der Rüstkammer von 1606 (Nr. 72), S. 473f. – Inventar der Kurkammer von 1716 (Nr. 131), fol. 80 Nr. 170 (mit Randanmerkung von 1728). – Inventar über das Juwelenzimmer von 1733 (Nr. 14), S. 268 Nr. 15. – Zugangsverzeichnis von 1885–1943 (Nr. 280), S. 50 Nr. 589/17 (1914).
Literatur: Seidlitz 1920–1921, S. 414 Nr. 662d. – Haenel 1923, S. 100, Tafel 50e und Tafel 50A. – Historisches Museum 1959, S. 47–48. – Hayward 1959, S. 87 Fig. 10 und S. 92. – Historisches Museum 1962, Nr. 24, Abb. – Seitz 1968, S. 56 Tafel III und S. 271. – Schöbel 1973, S. 47 Nr. 80, Abb. S. 131. – Nickel 1974, S. 294. – Boccia/Coelho 1975, S. 391 Nr. 528, Abb. – Historisches Museum 1979, S. 15 Nr. 16, Abb. S. 50.

Das Rapier wurde 1605 von einem Gesandten des Herzogs Carl Emanuel I. von Savoyen (1562 – 1580–1630) dem Kurfürsten Christian II. von Sachsen als Geschenk überbracht. Die Waffe ist in jeder Hinsicht ein Meisterstück. Deutlich sichtbar erscheint an der Klinge die Meistermarke des Federico Picinino. Der Mailänder Klingenschmied hatte das Handwerk bei seinem Vater, Antonio Picinino, erlernt. Beide gehören zu den berühmtesten italienischen Klingenschmieden ihrer Zeit. Die Meistermarken sollten die Qualität der Klingen verbürgen und vor unliebsamer, außerzunftmäßiger Konkurrenz schützen. Eine gute Rapierklinge mußte lang, schmal, leicht und biegsam sein. Das wurde unter anderem durch Kannelierungen und Klingendurchbrüche, was nur die besten Meister, namentlich die Toledaner, beherrschten, erreicht. Die Endfertigung eines Rapiers erfolgte nicht notwendig am Ort der Klingenherstellung. Jedes Herrscherhaus verfügte über einen gewissen, bei Händlern erworbenen Klingenvorrat, der zur Weiterverarbeitung und zum Ersatz bereitstand. Das aus Savoyen nach Dresden gelangte Rapier könnte aber vollständig in Mailand erzeugt worden sein. Der Gefäßtyp und der kettenartige Dekor fanden schon um 1580 in Italien Verbreitung. Das Gefäß hat gerade Parierstangen und verschiedene Faustschutz- und Parierbügel. Der goldene Dekor mit dem Edelsteinbesatz folgt dem Verlauf der Gefäßteile. An den Schmalseiten und am Knauf sind kleine Rubine zu Ketten aufgereiht. Symmetrisch angeordnete große Rubine mit Tafelschliff und Kristallrauten untersetzen die von der Kreuzform des Gefäßes ausgehende Strenge. Sie dominieren gegenüber den anmutigen grünen, roten und weißen Blüten des Rankendekors an den flächigen Teilen des Gefäßes. Am Mittelschild findet sich mit zwei nackten Gestalten in Ganzfigur, die eine

Kartusche mit einem Rubin halten, das schönste Detail der Prunkwaffe. Im 17. Jahrhundert wurde für das Rapier ein goldgewirktes Rapiergehänge gefertigt. Die Scheide des Rapiers ist Verlust, das Beimesser noch vorhanden. Wie die meisten der preziösen Waffen der Rüstkammer überwies August der Starke das Rapier 1728 in das Juwelenzimmer des Grünen Gewölbes. 1914 kam es zusammen mit weiteren Stücken wieder in die Rüstkammer. J.B.

Tafel 20 *Rapier*
Italienisch. Um 1580–1590
Klinge: Francesco di Duri

Klinge signiert: FRANCESCO DI DVRI.
Gratklinge mit Hohlschliff, Hohlkehle am Grat mit eingeschlagener Inschrift; Gefäß Eisen, durchbrochen, geschnitten und geschwärzt, teils vergoldet; Griffwicklung glatter, geflochtener und geketteter Messingdraht über spiraligen Wülsten.
Länge 121 cm, Klinge 105 cm, Gewicht 1 700 g
Inv.-Nr. VI 399
Inventar der Kurkammer von 1671 (Nr. 121), S. 65 Nr. 153.
Literatur: Hettner/Büttner 1871, Bl. 124. – Rade 1884, Bl. 17. – Ehrenthal 1899, S. 91 E 464 und S. 270. – Seidlitz 1920–1922, S. 415 Nr. 680. – Haenel 1923, S. 114, Tafel 57 c. – Historisches Museum 1959, S. 50. – Schöbel 1973, S. 90 Nr. 69, Abb. S. 121.

Das Rapier hat ein ausgeprägtes Bügelgefäß. Es weist Griff- und Faustschutzbügel, Parierbügel, einen Klingenbügel, eine gebogene Parierstange und rückwärtig Faustschutzspangen auf. Die Ausbildung dieser Funktionsteile steht mit der Entwicklung der Klingenherstellung sowie des Fechtwesens im Zusammenhang. Das Gefäß ist mit durchbrochener, figürlicher Eisenschnittarbeit ausgeziert. Am Knauf sind in Medaillons der Opfertod des Marcus Curtius und der Heilige Georg mit dem Drachen dargestellt. Die Schauseiten der Bügel tragen Schlachtenszenen. Hier kämpfen römische Krieger und Centauren miteinander. Die übrigen Teile des Gefäßes sind als Blütenband gestaltet. Der Mittelschild trägt eine faunische Maske. Die Randleisten der Bügel und Medaillons sind vergoldet. Die Griffbügel und die Parierstange enden in Drachenköpfen. Das Fassen der Klinge und die Ausschmückung der Gefäße wurden im allgemeinen von den Messerschmieden ausgeführt. Durch die Goldschmiedezünfte waren diesen Handwerkern Beschränkungen in der Verwendung edler Materialien auferlegt. Das hatte zur Folge, daß sie andere Ziertechniken, wie den Eisenschnitt und das Tauschieren, zur Blüte brachten. J.B.

Tafel 21 *Waffen des Herzogs Johann Georg (I.) von Sachsen*
Knabenharnisch
Anton Peffenhauser
München 1525 – Augsburg 1603
Augsburg. Vor 1592

Harnisch gemarkt: Pinienzapfen (Augsburger Beschau).
Eisen, getrieben und gebläut, teils geätzt und vergoldet.
Gewicht 12,5 kg
Inv.-Nr. M 85
Inventar der Rüstkammer von 1606 (Nr. 72) S. 235.
Literatur: Ehrenthal 1899, S. 48 D 18.

Der gebläute Harnisch trägt geätzten und vergoldeten Dekor in Form von Ranken und wurde für Herzog Johann Georg (I.) geschlagen. Er besteht aus einem Visierhelm mit zwei Halsreifen, einem viermal geschobenen Kragen, Rücken, Brust mit Gansbauch und Achselverstärkung und einem Bauchreifen. Die Beintaschen sind viermal geschoben. Zum ganzen Armzeug gehören Achseln mit Vorder- und Hinterflügen und Fingerhandschuhe. Diechlinge, lange Kniebuckel, Beinröhren und geschobene Schuhe bilden das Beinzeug. Die Augsburger Beschau findet sich auf Brust und Rücken, Halsbergen, beiden Beintaschen, beiden Handschuhen und auf beiden Achseln. H. S.

Knabenhelmbarte
Sächsisch. 1592

Klinge datiert: 1592, sowie mit den Initialen HIGZS (Herzog Johann Georg zu Sachsen) und dem herzoglich-sächsischen Wappen.
Klinge Eisen, geätzt, in den Tiefen geschwärzt; Schaft Holz; Schaftfedern Eisen, blank; Riemenwicklung am Schaft erneuert; zwei Fransenhosen von blauer Seide und Goldgespinst.
Länge 186 cm, Klinge mit Dille 40 cm
Inv.-Nr. S 60
Inventar der Alten Harnischkammer von 1688 (Nr. 111), fol. 40 Nr. 124.

Die Helmbarte wurde für den damals siebenjährigen Kurprinzen Johann Georg (I.) von Sachsen gefertigt. Die allegorische Frauengestalt mit Kind am Klingenblatt steht möglicherweise in Bezug zum Verlust des Vaters und der daraus folgenden administrativen Regierung Sachsens durch Herzog Friedrich Wilhelm von Weimar (1562–1602, Administrator 1591–1601). Die Brüder des Kurprinzen, Christian (II.) und August von Sachsen (1589–1615), erhielten Helmbarten gleicher Ausstattung. J. B.

Knabenharnisch
Peter von Speyer d. J.
Seit 1583 Dresdner Bürger
Dresden. Um 1590

Eisen, getrieben und geschwärzt.
Gewicht mit Sattel 14 kg
Inv.-Nr. M 89
Inventar der Alten Harnischkammer von 1688 (Nr. 111) fol. 39 Nr. 123.
Literatur: Hettner/Büttner 1871, Bl. 90. – Ehrenthal 1899, S. 47 D 13. – Haenel 1923 S. 40, Tafel 20. – Theumert 1963, S. 60 Nr. 19, Abb. – Schöbel 1977, S. 60 Nr. 19, Abb.

Der geschwärzte Harnisch ist allein durch seine blanken Kanten verziert. Er besteht aus einem geschlossenen Helm mit Kamm, Stirnstulp, Visier und drei Halsreifen, viermal geschobenem Kragen, Rücken und Brust. Das Armzeug bilden siebenmal geschobene Achseln, Ober- und Unterarmröhren, Ellbogenkacheln mit ganzen Muscheln und die Handschuhe. Die Beintaschen sind viermal geschoben und werden durch das ganze Beinzeug vervollständigt. Eine halbe Roßstirn für ein Pony, ein Sattel und das zugehörige Reitzeug wurden passend zum Harnisch gefertigt. Der Harnisch wurde zusammen mit zwei anderen um 1590 für Herzog Johann Georg (I.) und seine Brüder Christian und August geschlagen.

H. S.

Knabendegen
Sächsisch. Um 1591

Klinge gemarkt: zwei gekreuzte Schwerter (Kurschwerter). Am Mundblech der Scheide erscheinen die Initialen IGHZS (Johann Georg Herzog zu Sachsen) und das herzoglich-sächsische Wappen.
Gratklinge mit Hohlschliff und eingeschlagener Marke; Gefäß Eisen, gebläut; Beschläge an Gefäß, Scheide und Degengurt Silber, geätzt, in den Tiefen geschwärzt; Griffwicklung glatter, gewundener und geflochtener Silberdraht; Scheide Holz, Leder; Degengurt Leder, schwarzer Seidensamt.
Länge 87 cm, Klinge 69,5 cm, Gewicht 810 g
Scheide: Länge 74 cm, Gewicht 178 g
Inv.-Nr. VI 427
Inventar der Alten Harnischkammer von 1688 (Nr. 111), fol. 39 Nr. 123(?).

Der Degen wurde ergänzend zu dem vorgenannten Knabenharnisch für Herzog Johann Georg (I.) von Sachsen gefertigt. Mit dem frühen Tod des Vaters rückten die Kurprinzen sehr zeitig in den Mittelpunkt des Hoflebens. Die Ausrüstung der Knaben mit Waffen diente gleichermaßen der standesgemäßen Ausbildung und der fürstlichen Repräsentation.   J. B.

Tafel 22 *Kombinationswaffen*
Streitaxt mit Radschloßfeuerwaffe
Bernhard Albrecht
Nachweisbar in Augsburg 1557 bis 1587
Augsburg. Um 1585

Lauf signiert und gemarkt: BA mit strahlender Sonne (Meistermarke des Bernhard Albrecht) und Pinienzapfen (Augsburger Beschau).
Eisen, geätzt und geschwärzt; Griff mit schwarzem, nicht originalem Samtbezug.
Länge 66 cm, Lauf 43,5 cm, Kaliber 12 mm, Gewicht 1 650 g
Inv.-Nr. T 76
Inventar der Türkenkammer von 1674 (Nr. 244), S. 35 Nr. 102.
Literatur: Ehrenthal 1899. S. 102 E 637. – Haenel 1923, S. 146, Tafel 72 d. – Lewerken 1989, S. 210 Kat.-Nr. 7, Abb.

Die vollständig aus Eisen gefertigte Streitaxt ist reich ausgeschmückt mit geätztem Band- und Rankenwerk auf schwarzem, teilweise geperltem Grund. Ihr hohler, zugleich als Lauf dienender Schaft ist fest mit der Klinge verbunden. Den Lauf schützt ein kegelförmiger, von zwei Blattfedern gehaltener Mündungsverschluß. Das S-förmige Axteisen mit Dreipaßdurchbruch ist beiderseits mit Blattranken auf geperltem Grund geschmückt. Der Klingenumriß wird durch ein schmales Band aus feingliedrigem Rankenwerk betont. Mit Band- und Rankenwerk ist der gerade Vierkanthaken dekoriert. Den in der hinteren Hälfte achtkantigen, anschließend runden Lauf ziert Bandwerk. Der Übergang vom achtkantigen zum runden Laufstück wird durch ein schmales, mit Blattwerk geschmücktes Band betont. Die obere Seite des achtkantigen Laufstücks trägt die eingeschlagene Meistermarke des Büchsenmachers Bernhard Albrecht. Der jetzt mit schwarzem Samt bezogene hohle Griff war ursprünglich mit einer Wicklung aus Silberdraht versehen. Er besitzt einen halbschalenförmigen, nach unten gewölbten Handteller. Der aus zwei Halbschalen bestehende kugelige Knauf öffnet sich auf Federdruck. Die Schloßplatte des seitlich mit dem Lauf verbundenen Radschlosses ist mit Rankenwerk dekoriert. Das außenliegende Rad wird an der Peripherie von einer kleinen blattförmigen Studel gehalten. Der Hahn mit mehrfach profiliertem Fuß, flach ausgeschmiedetem Hals hat einen rhombenförmigen Kopf mit eingerollter Handhabe. Auf der Schloßgegenseite befinden sich ein flach ausgeschmiedeter Tragehaken und ein eiserner Ladestock. Das Radschloß besitzt eine spiralförmige, im Griff untergebrachte Schlagfeder, was die enge Bindung des Schloßmechanismus an den Schaft ermöglicht. Von dem Augsburger Büchsenmacher Bernhard Albrecht sind noch weitere Prunkwaffen in der Dresdner Rüstkammer überliefert.

Bei Kombinationswaffen sind zwei oder drei unterschiedliche Waffen zu einer Handwaffe vereinigt. Sie sind sowohl für den zivilen als auch für den militärischen Gebrauch gefertigt worden, wobei die Verbindungen von Feuer- und Blankwaffen dominieren. So wurden Schwerter, Degen, Rapiere, Hirschfänger, Dolche, Messer, Helmbarden, Saufedern, Streitäxte und Streitkolben mit Feuerwaffen verbunden. Aber auch Gebrauchsgegenstände wie Werkzeuge, Uhren, Schrittzähler, Handmühlen für Gewürze oder Getreide sind mit den verschiedensten Waffen kombiniert worden. Handfeuerwaffen mit Klappbajonett, Schilde mit Klingen und Klingenbrechern, Blankwaffen mit Springklingen und die sogenannten verborgenen Waffen wie Stockdegen und Stockgewehre zählen gleichfalls zu den Kombinationswaffen. Kunsthandwerklich meist reich ausgeschmückte Kombinationswaffen waren oft Auftragswerke. Sie gelangten als begehrte Sammelobjekte, politische Geschenke oder als Geschenke von Familienangehörigen in die Kunst- und Rüstkammern. H.-W. L.

Streitaxt mit Radschloßfeuerwaffe
Augsburg. Um 1580

Lauf gemarkt: Pinienzapfen (Augsburger Beschau).
Eisen, geätzt, geschwärzt und teilweise vergoldet; Griff mit Wicklung aus verdrilltem Eisen- und Messingdraht.
Länge 61 cm, Lauf 41 cm, Kaliber 12 cm, Gewicht 1 210 g
Inv.-Nr. T 78
Inventar der Türkenkammer von 1674 (Nr. 244) Nr. 100.
Literatur: Ehrenthal 1899, S. 101 E 627 und E 635. – Forrer 1909–1911, S. 99 Abb. 5. – Müller/Kölling 1981, Nr. 312, Abb. S. 276. – Lewerken 1989, S. 211 Kat.-Nr. 9, Abb.

Der hohle Schaft dieser vollständig aus Eisen gefertigten Streitaxt dient zugleich als Lauf. Sämtliche Teile sind reich dekoriert. Das halbmondförmige Axteisen mit Dreiblattdurchbruch schmücken beidseitig Kriegsarmaturen und Trophäen in Goldätzung auf schwarzem, geperltem Grund. Der griffwärts gebogene vierkantige Haken zeigt an der Spitze Ranken auf schwarzem Grund, anschließend Ranken in Goldätzung. Die Laufmündung wird von einem Mündungsverschluß, der eine Vierkantspitze trägt, geschützt. Der mit verdrilltem Eisen- und Messingdraht umwickelte Griff hat einen gewölbten halbschalenförmigen Handteller. Der kugelige, aus zwei Hälften bestehende Knauf öffnet sich auf Federdruck. Im hohlen Griff ist ein aus vier Teilen bestehender eiserner Ladestock untergebracht. Das mit Mauresken in Schwarzätzung dekorierte Radschloß ist seitlich mit dem Schaft verschraubt. Sein außenliegendes Rad hat einen gebläuten Raddeckel mit einer darüberliegenden Radkappe aus vergoldetem Kupfer. Hahnstudel, Abzugssicherung, Abzugsbügel und der auf der Schloßgegenseite angebrachte Tragehaken sind vergoldet.
H.-W. L.

Streitkolben mit Radschloßfeuerwaffe
des Kurfürsten Christian I. von Sachsen
Vermutlich Nürnberg. Um 1591

Eisen, geätzt, graviert und teilweise vergoldet. Griff jetzt mit grünem Samt bezogen.
Länge 64 cm, Lauf 45,5 cm, Kaliber 11 mm, Gewicht 2010 g
Inv.-Nr. T 74
Inventar der Rüstkammer von 1606 (Nr. 72), S. 972.
Literatur: Haenel 1923, S. 146, Tafel 72c. – Lewerken 1989, S. 216 Kat.-Nr. 72, Abb.

Kurfürst Christian I. von Sachsen erhielt diesen Streitkolben 1591 als Geschenk von der Markgräfin Katharina von Brandenburg-Küstrin. Die Waffe ist reich ausgeschmückt mit Ranken und Blüten in Gold- und Schwarzätzung. In ihrem hohlen, als Lauf ausgebildeten Schaft ist ein Ladestock, der zugleich als Mündungsverschluß dient, untergebracht. Der Kolbenkopf trägt fünf spitz auslaufende Schlagblätter, deren Seitenflächen mit Ranken und Blüten dekoriert sind. Auf dem hinteren siebenkantigen Teil des Laufes sind Vögel zwischen Blattwerk und Blüten dargestellt. Das vordere runde Laufstück zeigt Blattranken und die nackte Judith mit dem Haupt des Holofernes. Der hohle, ursprünglich mit einer Drahtwicklung versehene Griff hat einen schmalen Handteller. Der halbkugelförmige, sich öffnende Knauf ist mit einem Federverschluß ausgestattet. Im Griff sind ein aus mehreren Teilen zusammenschraubbarer Ladestock sowie ein Krätzer und ein Kugelzieher zum Reinigen des Laufes untergebracht. Das seitlich mit dem Lauf verschraubte, gleichfalls reich dekorierte Radschloß zeigt Rankenwerk und Blüten. Auf der gewölbten Radkappe ist ein Doppeladler abgebildet. Pulverpfanne und gleitender Pfannenschieber sind graviert. Den gedrungenen Hahn schmücken gravierte Blätter. Blattförmig ausgeschmiedet sind der untere Schenkel der Hahnfeder und die Feder der Abzugssicherung. Ungewöhnlich ist die Abzugseinrichtung. Im Gegensatz zu den sonst üblichen Abzugseinrichtungen wird hier der Abzug nach vorn bewegt. H.-W.L.

Streitaxt mit Radschloßfeuerwaffe
Vermutlich französisch. Mitte des 16. Jahrhunderts

Eisen, gebläut, gold- und silbertauschiert.
Länge 64 cm, Lauf 38 cm, Kaliber 11,5 cm, Gewicht 2320 g
Inv.-Nr. T 75
Inventar der Rüstkammer von 1606 (Nr. 72), S. 974.
Literatur: Ehrenthal 1899, S. 101 E 622. – Haenel 1923, S. 146, Tafel 72c. – Koetschau 1905, S. 117. – Schöbel 1973, S. 164 Nr. 145a. – Lewerken 1989, S. 208 Kat.-Nr. 4, Abb.

Alle Teile der schweren Waffe sind außer der polierten Axtschneide und den Spitzen des Hammers überaus reich dekoriert mit feingliedrigem Rankenwerk in Gold- und Silbertausia. Das Axteisen ist mit dem konisch verlaufenden Schaft fest verbunden. Den Hammer bekrönt ein vierteiliger Schlagdorn. Der komplizierte Radschloßmechanismus ist in nahezu genialer Weise in dem kapselförmigen Handteller und im Griff untergebracht. Der kräftige hohle Schaft bildet den Lauf, so daß die Kombination zweier Waffentypen nicht sofort erkennbar ist. Wesentlich unterscheidet sich der Mechanismus des Spannens und Auslösens vom Grundtyp des Radschlosses. Seine Funktionsteile sind mit großer Präzision nach einem wohldurchdachten Prinzip zusammengestellt. Besonders interessant ist die Ausstattung des Schloßmechanismus mit einer Hauptspiralfeder. Dieses Prinzip wurde, wenn auch in vereinfachter Form, bereits von Leonardo da Vinci verwendet. Von ihm stammen die frühesten bildlichen Darstellungen von Radschloßmechanismen. Unter seinen im Codex Atlanticus zusammengefaßten, heute in der Biblioteca Ambrosiana in Mailand aufbewahrten Skizzen und Zeichnungen mit Entwürfen von technischen und kriegstechnischen Geräten befinden sich zwei zwischen 1500 und 1505 entstandene Zeichnungen von Radschlössern.

H.-W. L.

Tafel 23 *Degen mit Radschloßfeuerwaffe des Kurfüsten Christian I. von Sachsen* Bernhard Albrecht Augsburg. Um 1590

Lauf bezeichnet: BA mit strahlender Sonne (Meistermarke des Bernhard Albrecht) und Pinienzapfen (Augsburger Beschau).
Klinge poliert, geätzt, geschwärzt und teilweise vergoldet; Gefäß Eisen, gebläut, messingvergoldete Medaillons; Griff mit vergoldeter Kupferdrahtwicklung; Radschloßfeuerwaffe Eisen, graviert, geätzt, geschwärzt und teilweise vergoldet.
Länge 124 cm, Klinge 106 cm, Lauf 27,5 cm; Kaliber 7 mm, Gewicht 1 960 g
Inv.-Nr. VI 246
Inventar der Rüstkammer von 1606 (Nr. 72), S. 564.
Literatur: Ehrenthal 1899, S. 102 Nr. 631. – Schöbel 1973, S. 86 Abb. 50. – Müller 1979, S. 97 Abb. 78. – Hayward 1980, S. 7 Abb. 5. – Lewerken 1989, S. 220 Kat.-Nr. 31.

Den Degen, einen Streitkolben und eine Helmbarte mit Radschloßfeuerwaffe verehrte 1591 Markgräfin Katharina von Brandenburg-Küstrin Kurfürst Christian I. von Sachsen. Diese Kombinationswaffe zeichnet sich weniger durch technische Besonderheiten aus, denn die Schloßkonstruktion sowie die Verbindung des Laufes und des Schlosses mit der Klinge erfolgten nach einem bereits bewährten, relativ unkomplizierten Konstruktionsschema, als vielmehr durch die dekorative Klinge und das prachtvolle Gefäß. Die zweischneidige Klinge mit abgeflachtem Mittelgrat ist im oberen Drittel als Rückenklinge ausgebildet; in ihrem terzseitigen Hohlschliff liegt der zweifach verschraubte Lauf. Bis zu ihrem unteren Ende ist die Rückenklinge terzseitig in dichter Folge mit Kriegsarmaturen in Goldätzung auf geschwärztem, geperltem Grund geschmückt; quartseitig zeigt die Klinge Bandmauresken auf schwarzem Grund. Unmittelbar unter der Parierstange besitzt die Klinge einen herzförmigen Durchbruch zur Aufnahme des quartseitig mit dem Daumen zu bedienenden Abzugs. Die reich mit Bandmauresken in Schwarzätzung verzierte Schloßplatte ist mit der Klinge zweifach verschraubt. Einzelne Schloßteile wie die messingvergoldete und gravierte, in Form von Monstreköpfen durchbrochene Radkappe, der gravierte und vergoldete Pfannendeckel sowie der vergoldete Druckknopf, die gebläute Hahnfeder und der in Form eines Monstrekopfes gravierte Hahn bilden einen wirkungsvollen Kontrast zur Schloßplatte. Gleichfalls kontrastreich ist der Dekor des Laufes angelegt, dessen hinterer achtkantiger Teil zwischen Rankenwerk in Schwarzätzung die Augsburger Beschau und die Meistermarke Bernhard Albrechts tragen.

In einer vollkommen anderen Ziertechnik ist das bügelreiche gebläute Gefäß ausgeschmückt. Knauf-, Mittel- und Endstücke der Gefäßteile sind mit Medaillons aus vergoldetem Messingguß besetzt, die figürliche Darstellungen zeigen. Auf der Vorderseite des Knaufs sind Venus, Amor und Mars dargestellt, auf der Rückseite der Heilige Georg mit dem Drachen. Obgleich die Klinge nicht gemarkt ist, kann sie jedoch aufgrund ihres Dekors, der dem auf zeitgenössischen Harnischen aus der Werkstatt des Plattners Anton Peffenhauser entspricht, als Augsburger Arbeit identifiziert werden. Die Lokalisierung des Gefäßes gleicher Provenienz ergibt sich aus dem Vorhandensein der gegossenen und ziselierten Messingmedaillons. John F. Hayward konnte bei seinen Forschungen zu diesem charakteristischen Gefäßtyp 15 weitere, in gleicher Weise dekorierte Blankwaffen nachweisen, die sich heute in verschiedenen Sammlungen befinden. Von dieser Gruppe sind fünf Degen, zwei Dolche und fünf Stockdegen mit einer Feuerwaffe kombiniert. Ein dem Degen der Dresdner Rüstkammer ähnliches Exemplar mit einer ebenfalls von Bernhard Albrecht signierten Radschloßfeuerwaffe bewahrt die Ermitage St. Petersburg. Die Städte Augsburg, Nürnberg und München waren seit der zweiten Hälfte des 16. Jahrhunderts bis zum Anfang des 17. Jahrhunderts Zentren für die Herstellung von technisch interessanten und kunsthandwerklich zumeist reich ausgeschmückten Kombinationswaffen. H.-W. L.

Tafel 24 *Zwillingsrapier*
Vermutlich Augsburg. Ende des 16. Jahrhunderts

Klinge poliert, geätzt und geschwärzt; Gefäß Eisen, vergoldet; Griff mit Kupferdrahtwicklung.
Länge 127 cm, Klinge 111 cm, Gewicht 1 650 g
Inv.-Nr. IX 60
Inventar der Rüstkammer von 1606 (Nr. 72), S. 406.
Literatur: Ehrenthal 1899, S. 164 G 155. – Schöbel 1973, S. 87 Abb. 58–59. – Washington 1978, S. 123 Abb. 167. – Historisches Museum 1979, S. 23 Abb. 52. – Lewerken 1989, S. 264 Kat.-Nr. 133, Abb.

Als Zwillings- oder auch als Doppelrapier bezeichnete Waffen kamen in Italien seit der 2. Hälfte des 16. Jahrhunderts in Gebrauch. Sie entsprachen den Möglichkeiten der Fechtkunst und des Duellwesens im 16. Jahrhundert, auch zwei lange Griffwaffen zu verwenden, was später im 17. Jahrhundert als regelwidrig galt. Für die Attacke wurde das in der rechten Hand geführte Rapier genutzt, während das in der linken Hand geführte der Parade diente. Beide Waffen wurden in einer Scheide getragen. Ihre Gefäße waren auf der Innenseite plan und paßten genau zusammen, weshalb sie wie ein einzelnes Rapier wirkten. Wurden die Waffen aus der Scheide gezogen, hatte ihr Besitzer überraschenderweise zwei Rapiere zur Verfügung, was ihm gewisse Vorteile verschaffte. Dieses Überraschungsmoment, das neben rein praktischen Erwägungen bei vielen Kombinationswaffen eine Rolle spielte, dürfte auch für die Entwicklung von Zwillingsrapieren mit ausschlaggebend gewesen sein. Ein wesentlicher Nachteil dieser Waffen war jedoch, daß ihre Gefäße wegen der fehlenden Quartbügel der Fechthand keinen ausreichenden Schutz boten. Das vermutlich in Augsburg gegen Ende des 16. Jahrhunderts entstandene Zwillingsrapier besitzt schlanke trapezförmige, nur zum Stoß geeignete Klingen. Das obere Klingendrittel schmücken Bandmauresken in Schwarzätzung. Die vergoldeten, auf der Innenseite planen Gefäße werden durch eine leicht lösbare Schwalbenschwanzverbindung des Knaufes zusammengehalten. Die Dresdner Rüstkammer bewahrt drei weitere Zwillingsrapiere italienischer Herkunft. Diese Waffen besitzen im Gegensatz zu dem Augsburger Zwillingsrapier kräftige zweischneidige Klingen.

H.-W. L.

Paradeharnisch des Kurfürsten Christian I. von Sachsen
Dresden. 1590
Turnierrock
Sächsisch. Erstes Viertel des 17. Jahrhunderts
Paradeharnisch des Fürsten Johann Georg von Anhalt-Dessau
Dresden. 1590
Turnierrock
Sächsisch. Zweite Hälfte des 16. Jahrhunderts
Oberstoff: spanisch oder italienisch. Mitte des 16. Jahrhunderts

Tafel 17

Radschloßgewehr des Kurfürsten Christian II. von Sachsen
Linz. 1601
Lauf: Marx Götersdorfer
Schaft: Elias Leckner

Tafel 18

Rapier des Kurfürsten Christian II. von Sachsen
Italienisch. Vor 1605
Klinge: Federico Picinino, Mailand

Tafel 19

Rapier
Italienisch. Um 1580–1590
Klinge: Francesco di Duri

Tafel 20

Waffen des Herzogs Johann Georg (I.) von Sachsen
Knabenharnisch
Anton Peffenhauser. Augsburg. Vor 1592
Knabenhelmbarte
Sächsisch. 1592
Knabenharnisch
Peter von Speyer d. J. Dresden. Um 1590
Knabendegen
Sächsisch. Um 1591

Kombinationswaffen
Streitaxt mit Radschloßfeuerwaffe
Bernhard Albrecht. Augsburg. Um 1585
Streitaxt mit Radschloßfeuerwaffe
Augsburg. Um 1580
Streitkolben mit Radschloßfeuerwaffe des Kurfürsten Christian I. von Sachsen
Vermutlich Nürnberg. Um 1591
Streitaxt mit Radschloßfeuerwaffe
Vermutlich französisch. Mitte des 16. Jahrhunderts

Tafel 22

*Degen mit Radschloßfeuerwaffe
des Kurfürsten Christian I. von Sachsen*
Bernhard Albrecht
Augsburg. Um 1590

Tafel 23

Zwillingsrapier
Vermutlich Augsburg. Ende des 16. Jahrhunderts

Tafel 25 *Rennzeug des Kurfürsten August von Sachsen*
Hans Rosenberger
Vermutlich Nürnberg, um 1500 – Dresden, vor 1570
Dresden. 1550–1560

An der Brust das kurfürstlich-sächsische Gesamtwappen.
Harnisch Eisen, getrieben, teils geätzt und mit Blei ausgegossen; Tartsche Holz, mit Leinwand bezogen, bemalt.
Gewicht ohne Brechschild und Dilgen 85 kg
Inv.-Nr. M 14
Inventar der Rüstkammer von 1606 (Nr. 72), S. 249.
Literatur: Reibisch 1826, Tab. 25 Fig. 60 und 61. – Ehrenthal 1899, S. 34 C 4. – Haenel 1913, S. 65 Fig. 57. – Seidlitz 1920–1922, S. 123 Nr. 48, Tafeln 12 und 13. – Haenel 1923, S. 12, Tafel 6 b. – Theumert 1963, S. 55 Nr. 10, Abb. – Schöbel 1977, S. 55 Nr. 10, Abb. – Washington 1978, S. 113 Nr. 133. – Wozel 1979 S. 83 Nr. 14.

Das blanke Rennzeug hat der Dresdner Plattner Hans Rosenberger für Kurfürst August von Sachsen geschlagen. August, der zeitweilig in Wien und Prag zusammen mit Erzherzog Maximilian (II.) erzogen wurde, hatte wie dieser eine große Vorliebe für das Turnier. Er stellte zwischen 1544 und 1566 in 55 Rennen und Stechen seine Kraft und Geschicklichkeit unter Beweis. Diese Vergleiche ließ er in einem Turnierbuch bildlich festhalten. Kurfürst August und Erzherzog Ferdinand von Tirol waren die letzten Fürsten, welche das Rennen, bei dem der Gegner mit armstarken Lanzen vom Pferd gestoßen werden sollte, pflegten. An anderen Höfen hatte sich bereits das weniger gefährliche »welsche Gestech« durchgesetzt. Das vorgestellte Rennzeug fand im sogenannten »Anzogenrennen«, so benannt nach der fest »angezogenen«, das heißt angeschraubten, Tartsche, Verwendung. Es besteht aus einem schweren Rennhut mit seitlich geriffelter Glocke, Sehspalt, Stirnblech, flachem Kamm und Nakkenschutz. Der Bart ist mit der Harnischbrust verschraubt. Diese ist auf der rechten Seite abgeflacht und mit tief ausgeschnittenen Armlöchern versehen. Die Innenseite des Brustbleches ist zur besseren Gewichtsverlagerung mit Blei ausgegossen. Außerdem befinden sich an dem Harnisch ein tief ausgeschnittener, leicht geriffelter Rücken, Rüsthaken, Rasthaken mit Verstellöchern, Magenblech, Bauchreifen und geschobene Rennschöße. Der geätzte Dekor zeigt in lebhaft bewegtem Rankenwerk die Halbfiguren bärtiger Männer und Tiergestalten. Auf der Brust befindet sich das kurfürstlich-sächsische Gesamtwappen.

Zur Ausrüstung gehören eine große hölzerne, mit bemalter Leinwand überzogene, am Bart und an der Brust festzuschraubende Renntartsche, eine über 4 Meter lange Rennstange mit Renneisen und eisernem, die ganze rechte Seite schützenden Brechschild sowie ein Paar am Sattel zu befestigende, geriffelte Streiftartschen für die Oberschenkel. Die textilen Teile sind spätere Nachbildungen. Die Dresdner Rüstkammer besitzt ein zweites, sehr ähnliches Rennzeug aus der Werkstatt des Wittenberger Plattners Sigmund Rockenberger. H. S.

Tafel 26 *Helmzier*
Deutsch. 16. Jahrhundert

Holz, geschnitzt und bemalt.
Höhe 21,6 cm, Gewicht 500 g
Inv.-Nr. N 160
Zugangsverzeichnis 1885–1943 (Nr. 280), Nr. 540/3 (1912).
Literatur: Historisches Museum 1959, S. 25, Abb. – Wozel 1979, S. 83 Nr. 19, Abb. – Stockholm 1992, S. 56 Nr. 19, Abb.

Die hölzerne, farbig bemalte Helmzier besteht aus einem flachen, blauen Hut mit gewundener, blau und braun gefärbter Borte. Der darauf stehende Löwe ist braun und weist auf dem Kopf ein Loch und eine kreisförmige Eintiefung vor, worauf sich möglicherweise eine Krone befand. Zwei Löcher an der Basis des Hutes dienten der Befestigung auf einem Turnierhelm. H.S.

Helmzier
Deutsch. Um 1600

Holz, geschnitzt und bemalt.
Höhe 28,5 cm, Gewicht 345 g
Inv.-Nr. N 159
Zugangsverzeichnis 1885–1943 (Nr. 280), Nr. 367/9 (1904).
Literatur: Historisches Museum 1959, S. 25, Abb. – Wozel 1979, S. 83 Nr. 18, Abb.

Die hölzerne, farbig bemalte Helmzier hat eine Helmkrone als Basis. Daraus erhebt sich ein Paar doppelt gebogener, offener, blau-weiß gestreifter Hörner, deren nach außen erweiterte Mündung von einem Ring umgeben ist. Zwischen den Hörnern befindet sich ein Geck, eine bärtige wachsende Figur, in roter Kleidung mit Spitzhut. Aus den Seiten und Ringen der Hörner und aus dem Spitzhut ragen grüne Blätter. Die Helmzier findet sich im Wappen der Fürsten von Schwarzenberg.

Auch Zimir oder Helmkleinod genannt, war die Helmzier im ritterlichen Alltag von zweierlei Bedeutung. In erster Linie hatte das Zimir eine heraldische Funktion zu erfüllen. Übereinstimmend mit dem Wappenbild auf dem Schild diente es der Identifizierung seines Trägers, was unter anderem bei der Helmschau zur Überprüfung der Turnierfähigkeit eines Ritters von Bedeutung war. Beim Kolbenturnier stand das Zimir im Mittelpunkt des Turniergeschehens selbst. Ziel dieser Turnierart war es, die Helmzier des Gegners mit einem Kolben vom Helm zu schlagen. H.S.

Ringelstechlanze des Kurfürsten August von Sachsen
Hans Walther
(Dresden 1526 – Dresden 1586)
Dresden. 1578

Datiert: 1578. Am Kolben und am Schaft das Doppelmonogramm A, das herzoglich-sächsische Wappen, das sächsische Kurwappen und das königlich-dänische Wappen.
Holz, geschnitzt, farbig bemalt, teils vergoldet; Renneisen geschwärzt; eine hölzerne Fassung ist Verlust und durch einen Samtstreifen ersetzt.
Länge 323 cm, Renneisen 14 cm
Inv.-Nr. R 234
Literatur: Hettner/Büttner 1871, Bl. 113. – Ehrenthal 1899, S. 42 C 21. – Seidlitz 1920–1922, S. 243 Abb. 32, S. 280 Nr. 199. – Hentschel 1966, S. 58–61 und 102, Kat.-Nr. 12–30 und 37–42. – Wozel 1979, S. 85 Nr. 25–29, Abb. S. 50–51. – Dresden 1991, S. 17 Kat.-Nr. 22.

Die Ringelstechlanze ist aus zahlreichen Teilen zusammengesetzt. Die Griffzone mit Kolben und das in sechs Säulen untergliederte Mittelteil des Schaftes sind geschnitzt und bemalt, der lange dünne Lanzenschaft im oberen Teil ist glatt und trägt den sächsischen Hoffarben folgend gemalte goldgelbe und schwarze spiralige Streifen. Das Renneisen an der Spitze der Lanze hat die Form einer Pfeilspitze. Die Schnitzerei an der Griffzone ist gröber und flacher als jene am mittleren Schaft. Die kunstvolle Schnitzerei an den Säulen stammt von Meisterhand. Plastisch vollkommen durchgebildete Säulen mit farbigem, teils goldgehöhtem figürlichem Schmuck und Säulen mit kannelierten Schäften und Blattkapitellen folgen einander im Wechsel. Die Darstellungen sind christlich-religiösen Inhalts. Zwischen Ranken- und Bandwerk erscheinen biblische Gestalten und Glaubenssymbole. Unter anderem finden sich hier in einer Folge Weinstock und Rebe, Johannes der Täufer, die Heiliggeisttaube mit Lilie, ein Salamander, ein Delphin und Lorbeer mit Früchten.

Die Bildschnitzerei ist dem der zweiten Generation der Dresdner Bildhauerfamilie Walther angehörigen Hans Walther zuzuschreiben. Es gibt augenfällige technische und motivische Parallelen zu anderen Arbeiten des Meisters. Das betrifft beispielsweise das altväterliche Erscheinungsbild der männlichen Gestalten, die Bevorzugung und übereinstimmende Behandlung von Wellenmotiven etwa bei Wasser, Feuer und Haar, die Einbeziehung von Säulen und anderen architektonischen Details und nicht zuletzt die Gestaltung biblischer Inhalte. Der Löwenkopf an der Basis einer der Säulen ist nahezu identisch mit dem Kopf des Löwen zu Füßen des Evangelisten Markus vom Altar der Dresdner Kreuzkirche, heute in der Stadtkirche Schandau. Die Schnitzerei an der Griffzone könnte der Hoftischler Georg Fleischer, der schon in anderer Weise mit Walther zusammengearbeitet hat, ausgeführt haben. Das Monogramm und die Wappen lassen den Schluß zu, daß die Lanze ein Geschenk der Anna von Sachsen an ihren Gemahl war. Sie wiederholen sich an anderen Waffengeschenken der Kurfürstin.

August von Sachsen gehörte zu den letzten deutschen Reichsfürsten, die das Scharfrennen selbst ausübten, und zu den ersten, die das in Italien erfundene Ringrennen oder Ringelstechen in ihren Festplan aufnahmen. In Sachsen endeten die scharfen Rennen 1566. Die Ringrennen fanden spätestens seit 1561 statt. Die Ringelstechlanze ist somit ein Beleg für die Anfangszeit des Ringrennens im deutschen Raum. Die Ausschmükkung der Lanze steht für den völlig neuen Charakter dieser Turnierart. Die Turniergegner trafen nicht mehr direkt aufeinander. An einem erhöhten Punkt wurde ein in fünf Felder unterteilter Ring aufgehängt, der in vollem Anreiten von den Turnierteilnehmern abgerannt werden mußte. Turnierrichter verzeichneten die Art und die Anzahl der Treffer. Die sportliche Übung gestaltete sich als ritterlicher Wettstreit. Im 16. Jahrhundert, da das Ringrennen noch in Nähe zu den alten Rennen und Stechen stand, waren die Ringelstechlanzen zunächst recht groß und schwer. Das Anlegen von Harnischen war nicht mehr erforderlich. Das gab der Gestaltung der Kleider neuen Raum. Die Turnierteilnehmer zogen in Gruppen als antike Helden, ruhmreiche Ritter, Türken, Bergleute, Jäger und Bauern zum Ringrennen auf. Christlich-religiöse Themen wurden bei Dresdner Inventionen nur selten, und dann im Rahmen von Spottszenen auf die katholische Kirche, aufgegriffen. Die biblischen Darstellungen an der Ringelstechlanze erscheinen insofern außergewöhnlich. J. B.

Tafel 27 *Turnierharnisch des Kurfürsten Christian I. von Sachsen*
Anton Peffenhauser
München 1525 – Augsburg 1603
Augsburg. 1588

Harnisch gemarkt: Pinienzapfen (Augsburger Beschau).
Eisen, getrieben und poliert, teils geätzt und vergoldet.
Gewicht 38 kg
Inv.-Nr. M 27
Inventar der Rüstkammer von 1606 (Nr. 72), S. 190.
Literatur: Gurlitt 1889, S. 87. – Ehrenthal 1899, S. 40 C 15 a. – Theumert 1963, S. 58 Nr. 14, Abb. – Schöbel 1973, S. 34 Nr. 36, Abb. S. 71. – Schöbel 1977, S. 58 Nr. 14, Abb. – Wozel 1979, S. 85 Nr. 32, Abb. – Historisches Museum 1979, S. 21 Nr. 43, Abb. S. 77. – Stockholm 1992, S. 60 Nr. 23, Abb.

Anton Peffenhauser zählt zu den hervorragendsten Plattnern in der Geschichte dieses Handwerks. Er arbeitete unter anderem für die Kaiser Maximilian II. und Rudolf II., den König Don Sebastian von Portugal und den spanischen Hochadel. Bereits für 1576 lassen sich Beziehungen zum sächsischen Hof nachweisen. Doch erst 1582 begann eine intensive und bis zu seinem Lebensende andauernde Tätigkeit für die Kurfürsten von Sachsen. In den Inventaren sind insgesamt 34 Harnische des Augsburger Meisters verzeichnet. Bis heute haben sich davon 13 mehr oder weniger umfangreiche Garnituren erhalten. Damit besitzt die Dresdner

Rüstkammer den in der Welt größten Bestand an Harnischen von Anton Peffenhauser.

Der für Kurfürst Christian I. von Sachsen geschlagene Harnisch besteht aus einem Helm mit aufschlächtigem Visier, einem Bart mit Luftgebe und rechtsseitigem Brechrand. Die Brust mit Gansbauch hat Achselgeschübe, einen geraden Rüsthaken sowie einen Bauchreifen. Die Beintaschen sind dreifach geschoben. Das Armzeug besteht aus siebenfach geschobenen Spangröls mit Hinterflügen, Armröhren mit ganzen Muscheln und geschobenen Fingerhandschuhen. Mit dem linken Armzeug sind eine große Stechachsel und ein Stechmäusel verschraubt. Das Beinzeug setzt sich aus geschobenen Ober- und Unterdiechlingen, viermal geschobenen Kniekacheln, ganzen Beinröhren und Schuhen mit Rüst-, Ballen- und Knöchelgeschübe zusammen. Zu dem Harnisch gehört eine halbe Roßstirn. Der vergoldete Ätzdekor in Form von Streifen mit Blattranken, dem typischen »Peffenhauser-Dekor«, ist von schwarzen Linien eingefaßt. Auf der Stechachsel und dem Wappenschild der Roßstirn befinden sich die Darstellungen einer von Blütenranken umgebenen Jungfrau mit Siegerkranz.

Der Harnisch fand beim »welschen Gestech« Verwendung. Dabei handelt es sich um eine Spielart des höfischen Turniers, bei der die beiden Kontrahenten auf einer durch eine hölzerne Schranke geteilten Stechbahn die Lanzen brachen. H.S.

Tafel 28 *Paar Radschloßpistolen und Pulverflasche des Kurfürsten Johann Georg I. von Sachsen*
Meister GE
Leipzig. Um 1623

Pistolen Lauf gemarkt: GE.
Lauf Eisen, die Mitte graviert, achtkantig mit acht Zügen; die Laufenden in Silber, gegossen, die Mündung als Tierkopf, am Laufboden profiliert mit Lilienkante; Schloß gebläut, Auflage Silber, durchbrochen und vergoldet, mit Silberguß belegt; Hahn und Pfanne Eisen, graviert; Abzugsbügel Silber, durchbrochen und vergoldet; Schaft Birnbaum, Einlagen von Silber als Draht, Trophäengruppen und Medaillons mit Gefechtsszenen graviert.
Länge 67,5 cm, Lauf 48 cm, Kaliber 14 mm, Gewicht 1960 g
Inv.-Nr. J 1334 und J 1335
Pulverflasche mit Radschlüssel und Gehänge Elfenbein, gedrechselt; Silber, graviert und gegossen; Radschlüssel Silber; Gehänge Seide mit Silber- und Goldfäden.
Höhe 9 cm, Gewicht 160 g, Gewicht mit Schlüssel 280 g
Inv.-Nr. X 759
Inventar der Rüstkammer von 1627 (Nr. 97), S. 7.
Literatur: Ehrenthal 1899, S. 119 F 60. – Doering 1901, S. 191. – Dresden 1990, S. 78 Nr. III/9, Abb.

Auf seiner »Rayss in der betrangten Evangelischen burgerschafft geschefften nacher Dressden Ao. 1629«, die nicht zuletzt auch eine Kunstreise war, beschrieb der Augsburger Patrizier Philipp Hainhofer unter anderem die kurfürstliche Rüstkammer im Stallhof. Bemerkenswert schienen ihm dabei »2 Pistolen, so die Statt Leipzig dem Churfürsten Hans Jergen verehret hat, vnd der krieg in Lusatia, vnd die eroberung Bauzen darauf gestochen ist«, vermutlich aus zwei Gründen: der Aktualität der Ereignisse und der Rarität des Programms als Kunstgegenstand.

1623 beschenkte der Rat zu Leipzig den als Feldherrn erfolgreichen Kurfürsten Johann Georg I. mit einem Reitzeug, zu dessen Ausstattung neben dem Pistolenpaar ein komplettes Ladezeug in Silber gehörte, von dem sich die Pulverflasche mit dem Reiterbildnis des Fürsten und silbernem Radschlüssel erhalten hat.

Das Bildprogramm, das einzelne Kriegsschauplätze umfaßt, zeigt unter anderem die für Sachsen später verheerende Entwicklung des Dreißigjährigen Krieges auf ihrem Höhepunkt. Zwei Hauptereignisse, die »Schlacht vor prag avfen Weissen Bergk« (1620) und des Kurfürsten »Eroberung Bauzen(s)« (1620) bilden die spitzovalen, silbernen Knaufplatten der Pistolen. Der Wahlspruch Kurfürst Johann Georgs I.: »SCOPVS VITAE MEAE CHRISTVS« (Der Fels meines Lebens ist Christus), den auch sein Harnisch trägt, befindet sich als Umschrift auf dem Daumenblech. D. S.

Tafel 29 *Rapier und Dolch mit Uhr im Knauf des Kurfürsten Christian II. von Sachsen*
Dresden. 1610
Uhren: Tobias Reichel

Rapier Uhr gemarkt: TR (Meistermarke des Tobias Reichel).
Klinge im oberen Drittel mit flachem Hohlschliff, darin eingeschlagen sogenannte Weihekreuze, Seitenflächen der Fehlschärfe mit undeutlicher Schlagmarke; Gefäß Messing, graviert und vergoldet; Griff Holz mit vergoldeter Kupferdrahtwicklung.
Länge 111 cm, Klinge 94 cm, Gewicht 1 020 g
Inv.-Nr. VI 434
Dolch Uhr gemarkt: TR (Meistermarke des Tobias Reichel). Klinge an den Schmalseiten der Fehlschärfe gemarkt: WB.
Gefäß Messing, graviert und vergoldet; Griff Holz mit vergoldeter Kupferdrahtwicklung; Scheide Holz mit schwarzem Leder bezogen, gravierte messingvergoldete Beschläge.
Länge 31,5 cm, Klinge 20 cm, Gewicht 200 g
Inv.-Nr. p 222
Inventar der Kurkammer von 1671 (Nr. 129), S. 141.
Literatur: Ehrenthal 1899, S. 108 E 690. – Haenel 1923, S. 108, Tafel 59e. – Historisches Museum 1979, S. 25, Abb. 56. – Lewerken 1989, S. 287 Kat.-Nr. 182a und b, Abb.

Kurfürst Christian II. von Sachsen erhielt 1610 das Rapier und den Dolch von seinem Bruder Herzog Johann Georg (I.) als Weihnachtsgeschenk. Diese kostbaren und zugleich außergewöhnlichen Waffen, deren Knauf mit einer Uhr ausgestattet ist, besitzen kräftige dekorative Klingen. Ihre Gefäße aus vergoldetem Messing sind mit gravierten, feingliedrigen Ranken ausgeschmückt. Die Uhr im Knauf des Rapiers hat ein

Stundenschlagwerk. Ihr silbernes, von einem durchbrochen gearbeiteten Scharnierdeckel geschütztes Zifferblatt trägt zwei Ziffernkränze mit römischen Ziffern von I bis XII und arabischen Ziffern von 13 bis 24. Die Öffnungen des Deckels lassen die Ziffern und zur vollen Stunde den Zeiger erkennen. In der Rückplatine ist die Meisterpunze des Dresdner Hofuhrmachers Tobias Reichel eingeschlagen. Der Rückdeckel ist als Schallöffnung in filigranem Rankendekor durchbrochen.

Der zum Rapier gehörige Dolch besitzt eine Klinge von rhombischem Querschnitt. Ihre fast bis zur Spitze reichende Hohlkehle sowie die mehrfach kannelierte Fehlschärfe sind dekorativ durchbrochen. Die in dem ovalen Knauf eingebaute Uhr hat ein messingvergoldetes Zifferblatt mit gebläutem Stundenzeiger. Das Zifferblatt trägt einen römischen Zifferring mit den Ziffern I bis XII. Eine gleichmäßige Kraftübertragung der Feder wird ebenso wie bei der Uhr des Rapiers mittels Stackfreed erreicht. Beide Uhren sind mit Unrast und Schweinsborstenregulierung ausgestattet. In der Rückplatine des Dolches ist gleichfalls die Meisterpunze TR des Tobias Reichel eingeschlagen. Die Vorder- und Rückseite werden durch gewölbte Scharnierdeckel geschützt, die mit gravierten Ranken und Vögeln verziert sind.

Das Rapier und der Dolch, Auftragswerke des Herzogs Johann Georg, dokumentieren in anschaulicher Weise das enge Zusammenwirken verschiedener Gewerke, was sonst durch Zunftvorschriften oft sehr erschwert war. Derartige »Staatsaufträge« boten den Handwerkern vielfältige Möglichkeiten, ihre Kunstfertigkeit zu beweisen, und so entstanden hier durch die Zusammenarbeit von Uhrmacher, Klingen- und Goldschmied, Graveur und Schwertfeger Waffen von großer Exklusivität. Die Verbindungen von Waffen und Uhren gehören zweifelsohne zu den ausgefallenen Kombinationsvarianten. Die Uhren zeugen von dem lebhaften Interesse, das Kurfürst Christian II. Uhren, Automaten und Meßgeräten entgegenbrachte. Tobias Reichel fertigte für ihn mehrere automatische Uhren und Kleinautomaten. H.-W. L.

Tafel 30 *Hirschfänger und Weidmesser des Herzogs Johann Georg (I.) von Sachsen*
Gabriel Gipfel
In Nürnberg bis 1590, gestorben in Dresden 1617
Dresden. 1608

Hirschfänger Klinge signiert: s IOANES +, und gemarkt: Traube.
Rückenklinge mit zweischneidiger Spitze, flachem Hohlschliff, eingeschlagener Inschrift und Marke; Gefäß Silber, gegossen, teils durchbrochen, graviert und vergoldet; Smaragde mit Facettenschliff in Kastenfassungen, aufgelötete Gußfigur mit Maleremail; Griffwicklung geflochtener und gewundener, vergoldeter Silberdraht.
Länge 96 cm, Klinge 33 cm, Gewicht 1 050 g
Inv.-Nr. X 143 a

Weidmesser Klingen des Weidmessers und der Besteckmesser bezeichnet mit den Initialen: C. D. A. H. Z. S. C. (Christian der Andere Herzog zu Sachsen Churfürst) und dem kurfürstlich-sächsischen Wappen sowie datiert: 1608. Scheide datiert: 1608.
Rückenklinge, geätzt, in den Tiefen geschwärzt; Stichblatt Messing, durchbrochen, graviert und vergoldet; Griffschalen rauhes Hirschhorn, Smaragde mit Facettenschliff in Kastenfassungen; Scheide Holz, Leder, grüner Seidensamt; Beschläge Silber, gegossen, teils durchbrochen, graviert und vergoldet, figürliche Details mit Maleremail; Smaragde mit Facettenschliff, teils in Kastenfassungen, teils à jour gefaßt; Besteck: Klingen geätzt, in den Tiefen geschwärzt; Griffschalen rauhes Hirschhorn, je Griff ein Smaragd mit Facettenschliff in Kastenfassung.
Länge 47 cm, Klinge 33 cm, Gewicht 900 g; Scheide: Länge 34,2 cm, Gewicht 1 350 g
Messer: Länge 28 cm, 28 cm und 23 cm; Raspel: Länge 21,5 cm
Inv.-Nr. X 143 b
Staatsarchiv Dresden, Loc. 8 703, Rechnungen für Churf. Christian II., Johann Georg I. und Herzog August über von Gabriel Gipfel gelieferte Goldschmidt-Arbeit 1604–1615. – Inventar über die Rüstkammer und den Neuen Stall von 1608–1612 (Nr. 277), S. 15–16 und 59 (Zugangsverzeichnis von 1612). – Inventar über die Schwarze Reiter- oder Schlittenkammer von 1616 (Nr. 132), S. 101 (Jägerkammer).
Literatur: Beutel 1703, S. 175. – Hettner/Büttner 1871, Bl. 116. – Rahnfeld o. J. (vor 1876), S. 12 Nr. 10. – Erbstein 1889, S. 24. – Ehrenthal 1899, S. 221–222 M 264. – Doering 1901, S. 93. – Rachel 1905, S. 60. – Thieme/Becker 1907–1950, Bd. 14 (1921), S. 154. – Seidlitz 1920–1922, S. 415 Nr. 678 a, Tafeln 79 und 80 b. – Haenel 1923, S. 158, Tafel 78 a und b. – Rosenberg 1922–1928, Bd. II., S. 29 Nr. 1 735. – Watzdorf 1933, S. 172 ff. – Watzdorf 1935, S. 4–14, Abb. 3. – Haenel 1938, S. 811–814, Abb. 7. – Historisches Museum 1959, S. 50–51, Abb. S. 42. – Thomas/Gamber/Schedelmann 1966, Tafel 66. – Holzhausen/Kesting 1966, S. LXXIV. – Schöbel 1973, S. 209 Nr. 148, Abb. S. 211. – Schöbel 1976, S. 83 Nr. 11, Abb. S. 41. – Historisches Museum 1979, S. 20 Nr. 39, Abb. S. 73. – Bäumel 1992, S. 50–52.

Der Hirschfänger und das Weidmesser sind Teile einer Jagdwaffen-Garnitur, zu der noch eine Pulverflasche, ein Jägerhorn, ein Leibgürtel, ein Hundehalsband und die Hirschfängerscheide im Sammlungsbestand der Rüstkammer gehören. Kurfürst Christian II. von Sachsen ließ diese und weitere Jagdwaffen-Garnituren für seine Brüder und sich selbst von Gabriel Gipfel, Meister in Dresden seit 1591 und Hofgoldschmied seit 1608, fertigen. Die Garnitur mit den 194 Smaragden kostete 2 203 Gulden und 4 Groschen. Herzog Johann Georg (I.) von Sachsen erhielt sie Weihnachten 1608 zum Geschenk. Die Fülle und die Vielfältigkeit der Aufträge, wie sie aus den Rechnungen Gabriel Gipfels hervorgehen, bezeugen das hohe Ansehen des Meisters am kursächsischen Hof. 1610 wurde ihm sogar die Gunst zuteil, den Kurfürsten nach Prag, wo dieser die Reichslehen für Jülich, Cleve und Berg von Rudolph II. (1582 – Kaiser 1576–1612) in Empfang nahm, zu begleiten. Zu den dem Kaiser überreichten Geschenken gehörte auch von Gabriel Gipfel gefertigter Schmuck. Die Arbeitsweise des Goldschmieds liegt mit den Rechnungen für die Jagdwaffen-Garnituren offen. Der Meister beauftragte andere Handwerker, wie Messerschmiede, Büchsenmacher, Riemer, Beutler und Posamentierer, mit Zuarbeiten und nahm dann die Auszierung der gelieferten Teile vor. Bei der Smaragd-Garnitur bilden das leuchtende Grün der Steine, der Goldglanz des Gefäßes und der Beschläge, die farbig

emaillierten Bilder mit einer Bärenjagd und anderen Jagdszenen sowie der grüne Seidensamt einen harmonischen Zusammenklang.
Die Garnitur dokumentiert, was zu Beginn des 17. Jahrhunderts zur persönlichen Jagdausstattung eines edlen Weidmannes gehörte. Die Berücksichtigung einer Pulverflasche bedeutet, daß der Garnitur noch eine Feuerwaffe beizufügen war. Als das Hauptstück der Garnitur ist der Hirschfänger, das Seitengewehr des Weidmannes, anzusprechen. Mit dieser Waffe wurde dem gejagten Hirsch oder anderem Wild der Fangstoß erteilt. Das Weidmesser diente dem Abschlagen des Gehörns, dem Zerwirken des Wildbrets und dem Freihauen des Standes von Ästen und Gestrüpp. Die in allen Teilen funktionstüchtige und offensichtlich gebrauchte Prunkwaffen-Garnitur wurde von ihrem Besitzer, Johann Georg (I.), sicher bei einem der großen festlichen Jagdaufzüge am Dresdner Hof vorgeführt. J.B.

Tafel 31 *Reitzeuge des Kurfürsten Johann Georg I. von Sachsen*
Sattel
Hans Erich Friese
Dresden. 1618

Obermaterial: braunvioletter Seidensamt mit Reliefstickerei von unterschiedlich gearbeiteten Goldgespinsten (silbervergoldeter Lahn um Seidenseele), silbervergoldeten Kantillen, Pailletten und Folien sowie farbiger Seide; die Reliefstickerei schließt verschiedene Stickereitechniken ein: Bildstickerei, Kantillenstickerei, Anlegetechnik, Applikation und Schnürchenstickerei; Randverzierungen: ein dunkelbrauner Seidensamtstreifen, einfache gewebte Borte in Köperbindung von Goldgespinst mit eingewebter Folie, gewebte Fransenborte von blaugrüner Seide und Goldgespinst mit aufgeschnittenen Fransen und Stengelfransen; Futter Leder (Hauptfutter erneuert) und Leinen; Sattelbäume Holz; Beschläge Eisen, gegossen und vergoldet; Ledergurte.
Länge 73 cm, Breite 67 cm, Höhe 62 cm; Pistolenhalfter: Länge 73 cm, Breite 23 cm
Inv.-Nr. L 21
Inventar über die Gute Sattelkammer von 1674 (Nr. 217), fol. 28 Nr. 77 (Sattel), fol. 34 Nr. 114 (Pistolenhalfter), fol. 6 Nr. 8 (Roßzeug).
Literatur: Beutel 1703, S. 161. – Hettner/Büttner 1871, Bl. 17. – Rade 1884, Bl. 31. – Erbstein 1889, S. 80. – Ehrenthal 1899, S. 193 und 276. – Historisches Museum 1962, Nr. 28 und 29, Abb.

Den Sattel, die Pistolenhalfter und das zugehörige Roßzeug kaufte Kurfürst Johann Georg I. von Sachsen (1585 – Kurfürst 1611–1656) im April 1618 beim Seidensticker Hans Erich Friese in Dresden. Der Kurfürst hatte diesen Reitzeugen die unten aufgeführten Steigbügel und eine Roßstange von Daniel Kellerthaler beigegeben. Die Stickerei des Sattels zeigt plastisch hervortretende Landschaften mit einheimischen und exotischen Tieren. Die Bildstickerei wird in vollkommener Weise der unterschiedlichen körperlichen Beschaffenheit der dargestellten Pflanzen und Tiere gerecht. Zwischen die Landschaftsbilder fügen sich flächiger gehaltene stilisierte palmettenartige Sträuße mit üppigen Früchten und

Blüten. Die im Detail naturnahen Darstellungen lassen die wirklichen Größenverhältnisse außer acht. Insgesamt vermitteln sie ein Bild paradiesischer Eintracht. Die Daseins- und Entdeckerfreude, die aus ihnen hervorgehen, waren dem Kurfürsten ganz zu eigen. Friese hat nicht nur mit dieser Arbeit den Intentionen seines Landesherrn entsprechen können. In ihm dürfen wir den Schöpfer noch einer Reihe ähnlicher Arbeiten, wenn nicht gar der Stickereien des einzigartigen Landschaftskostüms aus dem Besitz Johann Georgs I. von Sachsen aus dem Jahre 1611 in der Dresdner Rüstkammer suchen. J.B.

Paar Steigbügel
Daniel Kellerthaler
Dresden um 1575 – Dresden 1651 (?)
Dresden. Um 1615–1618

Am Riemenkasten gemarkt: DK (Meistermarke des Daniel Kellerthaler), und D (Dresdner Beschau).
Silber, gegossen, ziseliert und vergoldet; Einzelfiguren aufgenietet.
Höhe 18 cm, Breite 14 cm, Gewicht 2275 g
Inv.-Nr. L 294
Inventar über die Gute Sattelkammer von 1674 (Nr. 217), fol. 36, Nr. XIV (Steigbügel), fol. 42 Nr. 147 (Roßstange).
Literatur: Rade 1884, Bl. 17. – Rosenberg 1890, S. 153 Nr. 565. – Wernicke 1892, S. 137. – Ehrenthal 1899, S. 198. – Thieme/Becker 1907–1950, Bd. 20 (1927), S. 118–119. – Seidlitz 1920–1922, S. 448–449. – Rosenberg 1922–1928, Bd. II, S. 30–31 Nr. 1744–1748. – Holzhausen 1939, S. 214–223. – Holzhausen/Kesting 1966, S. XII–XXVII, LVI, Tafel 55. – Dresden 1990, S. 119 Kat.-Nr. 185, Abb.

Das Steigbügelpaar und eine zugehörige, nicht mehr im Sammlungsbestand vorhandene Roßstange bildeten ein Geschenk des Leipziger Rates an Kurfürst Johann Georg I. von Sachsen. Sie wurden von dem Dresdner Goldschmied Daniel Kellerthaler gefertigt. Die Reitzeuge sind einem weiteren Steigbügelpaar nebst Roßstange desselben Meisters von 1615 vergleichbar. Das Wirken der Goldschmiedefamilie Kellerthaler in Dresden läßt sich beginnend mit 1558 für über einhundert Jahre belegen. Daniel Kellerthaler wurde 1608 Meister und trat nach dem Tod Gabriel Gipfels dessen Nachfolge als Ältester der Dresdner Goldschmiedeinnung, welcher er seit 1618 in mehreren Zeiträumen insgesamt zwölf Jahre vorstand, an. Daniel Kellerthaler darf als die erste herausragende Künstlerpersönlichkeit des Dresdner Goldschmiedehandwerks gelten. Er erschloß sich in freier Manier die Anwendungsbereiche seines Metiers und trat auch als Siegelstecher und Medailleur hervor. Die Entschiedenheit, mit der er die ersten Tendenzen des frühen Barock verfolgte, stellt ihn neben die besten Prager, Nürnberger und Augsburger Meister seiner Zeit. Das Zierwerk der Steigbügel bestätigt die schon an früheren Arbeiten, so dem »Taufbecken der Wettiner« (1613–1615), nachvollziehbare Hinwendung Kellerthalers zu offenen, bewegten Formen. Das spielerisch anmutende, teils ins Krause übergehende Rollwerk verleiht den eigentlich robust gebauten Steigbügeln Leichtigkeit. Die großzügig modellierten Vogelfiguren in den runden Medaillons stellen Schwäne, Pelikane, Fasane, Falken sowie Adler vor. Die Tiere sind augenblickhaft festgehalten. Die Steigbügel und die Kandare gehörten zu dem oben aufgeführten Sattel Hans Erich Frieses von 1618. Ein Vergleich beider Arbeiten verdeutlicht die gegenüber Friese freiere, modernere Gestaltungsweise Kellerthalers. J.B.

Tafel 32 *Rapier und Rapiergehänge*
Gabriel Gipfel
In Nürnberg bis 1590, gestorben in Dresden 1617
Dresden. Um 1606–1608

Rapier Klinge gemarkt: zwei Kreuze, und beschriftet IHS (?). Zweischneidige Klinge mit Hohlschliff, eingeschlagener Inschrift (unvollständig), Marke und Verzierung; Gefäß Gold, Grubenemail; figürliche Details Gold, gegossen und ziseliert, Maleremail; Bergkristall mit Facettenschliff in Kastenfassungen; Griffwicklung geflochtener und glatter Golddraht über spiraligen Wülsten.
Länge 117,3 cm, Klinge 99,8 cm, Gewicht 1 100 g
Inv.-Nr. VI 431
Rapiergehänge Schwarzer Seidensamt; Perlenstickerei; Appliqués Gold, teils gegossen, teils getrieben, ziseliert, Gold- und Maleremail; Zwischenfutter Pergament; Randeinfassung gewebte Borte mit Schlaufenabschluß von Silbergespinst (Silberlahn um Seidenseele); Bergkristall mit Facettenschliff in Kastenfassungen; Traghaken und Schnallen Gold, Grubenemail.
Höhe 38 cm, Breite 20 cm
Inv.-Nr. I 413
Staatsarchiv Dresden, Loc. 8703, Rechnungen für Churf. Christian II., Johann Georg I. und Herzog August über von Gabriel Gipfel gelieferte Goldtschmidt-Arbeit. – Inventar über die Rüstkammer und den Neuen Stall von 1608–1612 (Nr. 277), S. 41 f. (Zugangsverzeichnis von 1612). – Inventar der Kurkammer von 1716 (Nr. 131), fol. 81 Nr. 171 (mit Randanmerkung von 1728). – Inventar über das Juwelenzimmer von 1733 (Nr. 14), S. 226 Nr. 11 und S. 272 Nr. 4. – Zugangsverzeichnis von 1885–1943 (Nr. 280), S. 47 Nr. 567/31 (1913) und S. 50 Nr. 588/16 (1914).
Literatur: Ehrenthal 1899, S. 90 E 447. – Seidlitz 1920–1922, S. 414 Nr. 662 a, Tafel 78. – Haenel 1923, S. 102, Tafel 51 c, d und e. – Schöbel 1973, S. 89 Nr. 66, Abb. S. 118.

Das Rapier mit dem Rapiergehänge stammt aus dem im Haus am Salomonis-Tor in Dresden verwahrten Waffenbesitz des Herzogs Johann Georg (I.) von Sachsen, der nach dessen Regierungsantritt in die kurfürstliche Rüstkammer eingegliedert wurde. In dem dabei erstellten Verzeichnis sind die beiden Stücke bei den Rapieren zuvorderst genannt. Ihre Gestaltung ist von der Faszination des Meisters für die Welt des Orients, die sich ihm jedoch nur mittelbar eröffnete, getragen. Unter dem Eindruck der Türkenkriege und der Weltentdeckungen wurden an den europäischen Fürstenhöfen und mit besonderem Eifer am kursächsischen Hof bei Ritterspielen Festaufzüge mit Türken und Mohren veranstaltet. Kurfürst Christian II. von Sachsen zog 1607 zum Ringrennen als türkischer

Sultan und als Mohrenfürst auf die Bahn. Die Darstellungen an der Garnitur hatten derartige Vorführungen zum Vorbild. Die beiden am Rapiergehänge gezeigten Reiter tragen keine Kriegsrüstung und treffen nicht ernsthaft aufeinander. Der Türke oder Maure reitet auf einem phantastischen Meeresroß heran. Die Festons in Perlenstickerei, die Farbenpracht des Emails und die in der Mitte aufragende Sirene betonen den festlichen Charakter der Szenerie. Die Gestaltung des Rapiers folgt derselben Thematik. Der maureske Flächendekor in schwarzem Email ist gleichsam in die Form der Klingenbügel übersetzt. Türkenköpfe schmükken die Parierstangen. Das zentrale Motiv bildet wieder eine Sirene. Die zahlreichen, Diamantrauten vergleichbaren »Bohemischen Diamantsteine«, ursprünglich 78 am Rapier und 119 am Rapiergehänge und dem noch vorhandenen Leibgürtel, vollenden das fragile Meisterwerk. Seine Zuweisung an Gabriel Gipfel beruht auf stilistischen Vergleichen sowie Rechnungen, die ähnliche Arbeiten aufführen. In der Dresdner Rüstkammer findet sich ein Parallelstück in Silber und Blau, jedoch ohne Steinbesatz und figürliche Details. J.B.

Rennzeug des Kurfürsten August von Sachsen
Hans Rosenberger
Dresden. 1550–1560

Helmzier
Deutsch. 16. Jahrhundert
Helmzier
Deutsch. Um 1600
Ringelstechlanze des Kurfürsten August von Sachsen
Hans Walther
Dresden. 1578

Tafel 26

Turnierharnisch des Kurfürsten Christian I. von Sachsen
Anton Peffenhauser
Augsburg. 1588

*Paar Radschloßpistolen und Pulverflasche
des Kurfürsten Johann Georg I. von Sachsen*
Meister GE
Leipzig. Um 1623

Tafel 28

*Rapier und Dolch mit Uhr im Knauf
des Kurfürsten Christian II. von Sachsen
Dresden. 1610
Uhren: Tobias Reichel*

Tafel 29

*Hirschfänger und Weidmesser
des Herzogs Johann Georg (I.) von Sachsen*
Gabriel Gipfel
Dresden. 1608

Tafel 30

Reitzeuge des Kurfürsten Johann Georg I. von Sachsen
Sattel
Hans Erich Friese
Dresden. 1618
Paar Steigbügel
Daniel Kellerthaler
Dresden. Um 1615–1618

Tafel 31

Rapier und Rapiergehänge
Gabriel Gipfel
Dresden. Um 1606–1608

Tafel 32

Tafel 33 *Schwert, Pusikan und Säbel*
für den Kurfürsten Christian II. von Sachsen
Johann Michael
Tätig in Prag Anfang des 17. Jahrhunderts
Prag. 1612

Schwert Klinge gebläut, gold- und silbertauschiert; Gefäß Silber, vergoldet, teils emailliert und mit Edelsteinen besetzt; Scheide Holz, mit Silberblech bezogen, vergoldet und analog dem Gefäß verziert.
Länge 103 cm, Klinge 86 cm, Gewicht 2 000 g
Inv.-Nr. Y 353 a
Säbel Klinge gebläut, gold- und silbertauschiert; Gefäß Silber, vergoldet, teils emailliert und mit Edelsteinen besetzt; Scheide Holz, mit Silberblech bezogen, vergoldet und analog dem Gefäß verziert.
Länge 98 cm, Klinge 85 cm, Gewicht 1 600 g
Inv.-Nr. Y 353 b
Pusikan Schaft Messing, vergoldet, teils emailliert, mit Edelsteinen besetzt; Schlagkopf Bergkristall mit Facettenschliff.
Länge 61,5 cm, Gewicht 1 800 g
Inv.-Nr. Y 353 c
Inventar der Rüstkammer von 1606 (Nr. 72), S. 1599.
Literatur: Ehrenthal 1899, S. 111 E 731 a–d, K 4. – Haenel 1923, S. 122, Tafel 61. – Thomas/Gamber/Schedelmann 1963, Tafel 67. – Kurfürsten 1991, S. 28 Nr. 42, Abb. S. 27 und S. 29.

Die gerade, zweischneidige Klinge des Schwertes ist beidseitig auf gebläutem Grund mit Gold und Silber wellenartig tauschiert. Auf der Klinge befinden sich der arabischen Schrift nachempfundene Pseudoinschriften. Die Parierstangen und das Gehilze sind von vergoldetem Silber. Sie tragen durchbrochene Auflagen mit farbigem Drahtemail in Blütenform sowie zahlreiche böhmische Granate, Topase und andere Steine. Der Knauf ist als Löwenkopf, und die Parierstangen als Schwanz und Klaue, letztere eine geschliffene Topaskugel haltend, geformt. Das Mitteleisen trägt einen Schuppendekor und geht in Gestalt von Drachenköpfen in die Parierstangen über. Zwischen Löwenkopf und Topaskugel ist ein Kettchen eingehängt.

Die leicht gebogene Rückenklinge des Säbels trägt auf gebläutem Grund einen ähnlichen Dekor wie das Schwert. Der vergoldete Knauf hat die Form eines Adlerkopfes mit Augen von Rubinen. Die übrigen Teile entsprechen in Material und Dekor ganz denen des Schwertes.

Der Schaft des Pusikans ist aus vergoldetem Messing und mit in Silber gefaßten, bunt emaillierten Blumen und Blättern überzogen. Die einzelnen Schaftzonen sind durch drei mit böhmischen Granaten besetzte Ringe voneinander getrennt. Darauf sitzt eine facettierte Bergkristallkugel, die, für den militärischen Gebrauch ungeeignet, den repräsentativen Charakter dieser Garnitur unterstreicht. Durch den hohlen Schaft und den Schlagkopf führt ein eiserner Stab, der an beiden Enden mit einem vergoldeten Knopf abschließt.

Hervorgerufen durch die Kriege gegen das Osmanische Reich, entwikkelte sich an zahlreichen europäischen Höfen eine ausgesprochene Türkenmode. Als Türken oder Ungarn kostümiert hielten die Fürsten und ihre Gäste sogenannte »huszarische« Turniere oder Inventionen ab. Goldschmiede wie Johann Michael oder Nikolaus Groß lieferten dazu Waffen à la turca unter anderem an die Höfe in Wien, Prag, Dresden und München. Bei seinem Aufenthalt in Prag 1610 könnte Kurfürst Christian II. von Sachsen die stark orientalisch beeinflußte Garnitur, bestehend aus Sattel, Schabracke mit dem in Rubinen eingelegten Namen des Kurfürsten, Reitzeug, Sporen, Schwert, Säbel und Pusikan, in Auftrag gegeben haben. Sie wurde erst nach dem Tod Christians II. am 23. Juni 1611 fertiggestellt. Sein Bruder und Nachfolger, Kurfürst Johann Georg I., nahm sie in Empfang. In den Inventaren werden dafür die Jahre 1613 und 1614 genannt. Vermutlich erwarb Johann Georg zuerst nur die vorgestellten Prunkwaffen und im darauffolgenden Jahr das Reitzeug. Im Bayerischen Nationalmuseum München befinden sich Teile einer nahezu identischen Garnitur. H.S.

Tafel 34 *Pfeil- und Bogenköcher*
Türkisch. Anfang des 17. Jahrhunderts

Bogenköcher Leder, Samt, bestickt; Beschlag Silber, gegossen und vergoldet.
Länge 71,5 cm, Breite 30 cm
Inv.-Nr. Y 184
Pfeilköcher Leder, Samt, bestickt; Beschläge Silber, gegossen und vergoldet.
Länge 39,5 cm, Breite 16,5 cm
Inv.-Nr. Y 184
Inventar der Türkenkammer von 1674 (Nr. 244), S. 11 Nr. 21.
Literatur: Schöbel 1974, S. 36 Nr. 15, Abb. – Wrocław 1977, S. 41 Nr. 127, Abb.

Kurfürst Johann Georg I. von Sachsen hat diese Garnitur »den 4. Augusti ao: 1642 anhero (das heißt in die Türkenkammer, H. S.) in Verwahrung geben lassen«. Die beiden ledernen Köcher sind auf der Schauseite von rotem, mit Silberpailletten besetztem Samt überzogen. Mit goldenen, gedrehten Schnüren eingefaßt, bedeckt eine reiche Silberreliefstickerei die gesamte Oberfläche. Die Silberstickerei weist an einigen Stellen Reste von Vergoldung auf. Der Dekor besteht aus Blattranken mit großen Tulpen, Nelken und anderen Blüten und Knospen. Die Beschläge in Mond- und Rosettenform sind aus gegossenem und vergoldetem Silber. Der Pfeilköcher hat eine kleine Tasche für Reservepfeile. Zu den Köchern gehören zwei ebenfalls reich verzierte Gurte aus mit Leder eingeschlagenem, rotem Samt. H.S.

Bogen
Pijale
Tätig Ende des 16. Jahrhunderts
Türkisch. 1586–1587

Bogen bezeichnet: 'Amelü Pijāle kemān-ger, und datiert: Sene 995.
Bogen Holz, Horn und Sehnenfasern, verleimt, lackiert und teils mit Goldstaub bemalt sowie mit Birkenrinde und Leder beklebt.
Länge 110,5 cm
Inv.-Nr. Y 235
Inventar der Türkenkammer von 1674 (Nr. 244), S. 15 Nr. 30 (?).

Bei dieser Waffe handelt es sich um einen aus verschiedenen Materialien und Schichten zusammengesetzten und entgegen seiner ursprünglichen Krümmung gespannten Bogen, einen sogenannten Reflexbogen. Die mit Horn belegte Innenseite ist mit Goldstaub bemalt. Die beinernen Sehnenauflieger sind angeleimt. Die Außenseite ist mit rot gefärbter Birkenrinde belegt und mit goldenen Medaillons und Wolkenbändern bemalt. Die Seitenteile sind mit rotem Leder beklebt. Im Kontrast dazu steht der grün bemalte Griff. Die Ohren weisen beidseitig die Inschriften: »Arbeit von Pijale dem Bogenmacher« und »Jahr 995« auf. Die Jahresangabe bezieht sich auf die muslimische Zeitrechnung, die mit der Higra, der Auswanderung Muhammads von Mekka nach Medina im Jahre 622 u. Z. einsetzt. Das Jahr 995 der muslimischen Zeitrechnung entspricht der Zeit vom 12. 12. 1586 bis zum 1. 12. 1587 des Gregorianischen Kalenders. Die Bogensehne besteht aus naturfarbenem Ramie mit grüner, rosa und gelber Zwirnwicklung.
H. S.

Pfeile
Türkisch. 17. Jahrhundert

Schaft Holz, bemalt; Spitze Stahl.
Länge 72 cm, Gewicht 23 g
Inv.-Nr. Y 195
Inventar der Türkenkammer von 1674 (Nr. 244), S. 16 Nr. 32 (?).

Die hölzernen Schäfte sind dreiteilig befiedert. Den rot oder gold bemalten Füßchen schließen sich je ein blaues und ein größeres rotes Feld mit Goldstreifen an. Oberhalb der Befiederung folgen goldene Rhomben auf blauem Grund. Den Abschluß der Bemalung bildet ein breiter goldener Ring. Ein Pfeil besitzt ein beinernes Füßchen. Die stählernen Spitzen haben eine gestreckte Rhombenform und enden vierkantig. Die Herstellung von Pfeil und Bogen war eine sehr langwierige und aufwendige Angelegenheit. Die ausgewählten Materialien wurden nach festen Regeln bearbeitet und gelagert. So wurden besonders gute Pfeile aus 60 Jahre lang abgelagertem Holz hergestellt. Es sind sogar Reparaturanleitungen für zerbrochene Pfeile erhalten. Die Meisterschaft der Osmanen im Bogenschießen war sprichwörtlich. Fähige Schützen konnten in vollem Galopp

20 bis 30 Pfeile in einer Minute verschießen. Bei größerer Entfernung waren diese Pfeile mit Schußweiten von mehreren hundert Metern in der Durchschlagskraft den zeitgleichen Feuerwaffen überlegen. H.S.

Tafel 35 *Säbel*
Klinge: türkisch, Anfang des 16. Jahrhunderts
Gefäß und Scheide: Ende des 17. Jahrhunderts
Überarbeitet von Georg Christoph Dinglinger 1721

Klinge Eisen, goldtauschiert; Gefäß Gold, graviert und mit Diamanten und Saphiren in Facettenschliff besetzt; Scheide Holz, Bezug Leder, Beschläge aus Goldblech, getrieben, graviert und mit Diamanten und Saphiren in Facettenschliff besetzt.
Länge 92 cm, Klinge 75,5 cm, Gewicht 1 000 g
Inv.-Nr. Y 111
Inventar über das Juwelenzimmer von 1719–1722 (Nr. 12), S. 106–107. – Zugangsverzeichnis 1885–1943 (Nr. 280), Nr. 583 (1914).
Literatur: Schier 1867, S. 14 ff. – List 1912, Tafel 243. – Haenel 1923, S. 128, Tafel 64 d. – Schöbel 1961, Nr. 15, Abb. – Watzdorf 1962, S. 319, Abb. 411. – Schöbel 1973, S. 232 Nr. 181, Abb. S. 252. – Historisches Museum 1979, S. 15 Nr. 18, Abb. S. 52. – Zeller 1981, S. 43. – Schuckelt 1991, S. 136. – Schuckelt 1992, S. 32–35

Die elegant geformte, vorn zweischneidige Rückenklinge stammt vom Beginn des 16. Jahrhunderts und ist türkischen Ursprungs. Mit geübter Hand wurden der sparsame Blütendekor und die sechs graziösen Inschriften in Gold tauschiert. Die kreisförmige Kartusche gibt den Vers 31 der 27. Sure des Korans wieder:

»Siehe, er ist von Salomo, und siehe, er ist im Namen Allahs, des Erbarmers, des Barmherzigen«.

In der länglichen Kartusche darunter befindet sich die zweite Inschrift: »Oh, Herr des Universums«, eine Anrufung Allahs. Dieser schließt sich die dritte Inschrift, »Sein Besitzer ist Muhammad«, an. Die Inschrift entlang des Klingenrückens ist aufgrund ihrer zahlreichen Auslegungen in der Mystik von besonderer Bedeutung:

»Allah! Es gibt keinen Gott außer ihm, dem Lebendigen, dem Ewigen! Nicht ergreift ihn Schlummer und nicht Schlaf. Sein ist, was in den Himmeln und was auf Erden. Wer ist's, der da Fürsprache einlegt bei ihm ohne seine Erlaubnis? Er weiß, was zwischen ihren Händen ist und was hinter ihnen, und nicht begreifen sie etwas von seinem Wissen, außer was er will. Weit reicht sein Thron über die Himmel und die Erde, und nicht beschwert ihn beider Hut. Denn er ist der Hohe, der Erhabene.«
(Vers 256 der 2. Sure des Korans; der »Thronvers«)

Auf dem Klingenrücken befindet sich sechsmal die kabbalistische Beschwörungsformel »baduh«. Die zweite Klingenseite ziert das sogenannte »Salomons-Siegel«, ein sechseckiger Stern mit starker talismanischer Bedeutung, der im Falle dieser Klinge durch sechs der 99 Beinamen Allahs, »Oh, Höchster!«, »Oh, Erbarmer!«, »Oh, Strahlender!«, »Oh, Gütiger!«, »Oh, Mitleidiger!« und »Oh, Vergelter!«, gebildet wird. Das goldene Gefäß mit seinem Rankendekor und den kleinen Diamanten stammt aus dem späten 17. Jahrhundert, während das Kreuz und die Scheidenbeschläge Anfang des 18. Jahrhunderts von einem europäischen Goldschmied geschaffen wurden. Der Meister des Gefäßes könnte europäischer, aber auch türkischer Herkunft sein. 1721 ergänzte Georg Christoph Dinglinger das Stück durch dreizehn große und sechzehn mittlere Saphire. Vielleicht gelangte der Säbel bei dem Entsatz von Wien 1683 als Beutestück in die Hände des polnischen Königs Jan Sobieski. Dieser sandte dem sächsischen Generalfeldmarschall Baron Joachim Rüdiger von der Goltz zusammen mit einigen Geschenken für Kurfürst Johann Georg III. von Sachsen (1647 – 1680–1691) einen »in Gold gefaßten Säbel«. Möglicherweise verwendete Dinglinger das vermeintliche Geschenk des polnischen Königs, um die bereits vorhandene Saphir-Garnitur zu ergänzen. H. S.

Tafel 36 *Paar Radschloßgewehre des Herzogs Johann Georg (IV.) von Sachsen*
Christian Herold
1666 kurfürstlicher Büchsenwärter, gestorben in Dresden 1691
Dresden. 1669

Lauf signiert: Christianus Herold Dresda.
Am Schaft die Devise des englischen Hosenbandordens: HONI SOIT QVI MAL Y PENSE (Schmach über den, der Übles dabei denkt).
Lauf, Schloß und Montierung Eisen, geschnitten, gebläut und vergoldet; Raddeckel und Schubermedaillon in Emailmalerei; Schaft Obstbaumholz mit Einlagen von Silberdraht, Blütenrosetten aus getriebenem Silber mit Steinbesatz (teilweise ergänzt) und kreisrunden Rosetten aus Amethystsegmenten um einen Rauchtopas; Silbermedaillon und Wappenkartusche in Emailmalerei.
Länge 106,5 cm, Lauf 78 cm, Kaliber 15 mm, Gewicht 4 080 g
Inv.-Nr. G 360 und G 361
Inventar der Ersten Büchsenkammer von 1683 (Nr. 163), S. 226.
Literatur: Ehrenthal 1900, S. 31 Nr. 360 und 361. – Thieme/Becker 1907–1950, Bd. 16 (1923), S. 523. – Schaal 1975, S. 67 Nr. 305, Abb. – Kurfürsten 1991, S. 36 Nr. 61, Abb.

Das Gewehrpaar gehört zu den am reichsten verzierten Gewehren in der Waffengeschichte. Kurfürst Johann Georg II. von Sachsen gab es anläßlich seiner 1669 vollzogenen offiziellen Einkleidung als Ritter des englischen Hosenbandordens, zu dem er 1668 gewählt wurde, in Auftrag. Das Ordensfest am St.-Georgs-Tag (23. April) gab Anlaß zu pompösem Zeremoniell, welches 1678 mit einer Fürstenversammlung in Anwesenheit des englischen Gesandten im Riesensaal des Dresdner Schlosses einen Höhepunkt fand. Der Kurfürst als Auftraggeber tritt verschlüsselt in Gestalt seines Namenspatrons in Erscheinung, wie ihn ein dem Ordenskleinod nachempfundenes Emailmedaillon zeigt, umgeben von der Ordensdevise »HONI SOIT QVI MAL Y PENSE«. Auf den Empfänger der als Geschenk bestimmten Gewehre, seinen 1668 geborenen Enkel Johann Georg (IV.), ist der von silbernen Löwen gehaltene Schild mit dem herzoglich-sächsischen Wappen bezogen.

Während Christian Herold, ein Büchsenmacher, der auch als Harnischschätzer in Erscheinung tritt, die Metallteile mit einem Dekor von Blatt- und Blütenranken versieht, in den sich auf dem Schloß eine Hirschjagd, auf dem Schuber Bär und Keiler einfügen, zeigt die Emailmalerei von unbekannter Hand jeweils ein Jägerpaar mit erlegtem Wild.

Die Internationale Jagdausstellung 1882 in Berlin veranlaßte die erste umfassende Restaurierung des Gewehrpaares, bei der die offenbar zum Teil entfernten Steine durch den Hofjuwelier Hänsch ersetzt wurden. Auch wenn die Silber- und Juwelierarbeit ohne einen direkten Bezug auf den 1678 für Kurfürst Johann Georg II. gefertigten Bergmannsschmuck bleibt, geht sie diesem in der Verwendung unterschiedlichster Landsteine und in der Kombination dieser Steine mit Emailmalerei unmittelbar voraus.
D. S.

Tafel 37   *Paar Steinschloßpistolen des Königs August II. von Polen*
Jacob Kosters
Tätig in Maastricht etwa zwischen 1660 und 1710
Maastricht. Um 1660

Signiert: Jacob Kosters a Maestrich.
Lauf, Schloß und Montierung Eisen, poliert und graviert; Schloß gewölbt; Schaft Elfenbein, geschnitten, zum Teil geschwärzt.
Länge 49,5 cm, Lauf 31,5 cm, Kaliber 12 mm, Gewicht 950 g
Inv.-Nr. J 410 und J 1 386
Inventar des Leibgewehrs von 1740 (Nr. 179), S. 655.
Literatur: Ehrenthal 1899, S. 171 H 25. – Thieme/Becker 1907–1950, Bd. 21 (1927), S. 344. – Ilgner 1929–1931, S. 211. – Hoff 1978, S. 214. – Tokyo 1979, S. 29 Nr. 43, Abb. – Stuttgart 1987, S. 486 Nr. 2.157.

Bereits unter den frühesten Handfeuerwaffen erscheint der Kopf als Knaufmotiv. Die Parallelen zu den entwicklungsgeschichtlich älteren Schwertknäufen, wo sich Tier- und Menschenköpfe auch an den Parierstangen finden, sind keineswegs zufällig. In den 30er Jahren des 17. Jahrhunderts gewinnt bei niederländischen Pistolen diese Besonderheit zunächst als eine Kombination aus Tier- und Gesichtsmaske an Bedeutung und erreichte um 1650 ihren Höhepunkt bei Elfenbeinpistolen mit vollplastischen Kopfknäufen, den ebenso gearbeiteten Ebenholzpistolenschäften verwandt. Elfenbein ist in hohem Maße vom Wuchs des Zahnes bestimmt und setzt bei der Verwendung als Pistolenschaft eine sorgfältige Auswahl voraus. Ein schwarzer Beinring markiert die Trennung von Schaft und Knauf, der im vorliegenden Beispiel den Kopf eines Mannes mit orientalischer Haar- und Barttracht wiedergibt. Diese Charakteristik wird unterstützt durch die unterschnittene Form der schwarz eingelegten Augen, und sie wird durch eine dem Turban nachempfundene Kopfbedeckung von ornamentaler Regelmäßigkeit ergänzt. Exotischer Typus und exotisches Material in Verbindung mit dem künstlerischen Rang der Elfenbeinschnitzerei dokumentieren die noch gewahrte Einheit von Natur, Kunst und Wissenschaft, wie sie in ihrem kosmographischen Anspruch für Kunstkammerstücke kennzeichnend ist.

Ihrer Herkunft nach sind die erst 1709 in den Besitz Augusts des Starken (1670 – Kurfürst von Sachsen 1694/König von Polen 1697–1733) gelangten Waffen wie alle der fast zwei Dutzend Paare umfassenden Gruppe nur durch die Signatur der Büchsenmacher lokalisierbar. Sicherheit über die Werkstatt oder die Person des Elfenbeinschnitzers, dem diese Werke zu danken sind, besteht nicht.   D.S.

Tafel 38   *Jagdwaffen des Königs August II. von Polen*
             Weidmesser
             Deutsch. Vor 1730

An der Klinge das bekrönte Monogramm AR (Augustus Rex), an der Scheide das polnisch-litauische Königswappen mit dem kurfürstlich-sächsischen Wappen.
Rückenklinge mit flachem Hohlschliff, am Ansatz und entlang des Rückens geätzt, graviert und vergoldet; Griffe des Weidmessers und der fünf Besteckteile Messing, gegossen, ziseliert, versilbert und vergoldet; Scheide Holz, Leder, grüner Seidensamt; Scheidenbeschlag Messing, getrieben, versilbert und vergoldet.
Länge 64 cm, Klinge 50,5 cm, Gewicht 1 800 g
Messer: Länge 21,2 cm,, 20,7 cm und 18,5 cm
Skalpell und Raspel (Spitze abgebrochen): Länge 17 cm und 15 cm
Inv.-Nr. X 503
Inventar der Büchsenkammer im Jägerhaus Alten-Dresden von 1730 (Nr.170), fol.98 Nr.3.
Literatur: Nollain/Clauss 1873, S.108 Nr.71. – Ehrenthal 1900, S.15 Nr.122. – Blackmore 1971, S.61 A 703, Pl.136. – Schöbel 1976, S.91 Nr.49, Abb.S.73. – Essen 1986, S.99 Kat.-Nr.52, Abb.S.89.

Das »große Blatt, mit Scheide, von getriebenen und vergoldeten Meßing, nebst Nickfängern und Messern, worauf allerhand Figuren« wurde laut Inventar von 1730 auf Anordnung des Königs zusammen mit Gewehren und anderen »Jägerey Sachen« aus der Büchsenkammer im Residenzschloß in die Büchsenkammer des Jägerhauses in Alten-Dresden überwiesen. Das Weidmesser mit der üppigen Scheide gehört zu den wenigen Waffen dieser Art, die aus dem Besitz Augusts des Starken überliefert sind. Die Klinge des Weidmessers hat einen fein geätzten Rankendekor mit Goldgrund, der eine Kartusche mit dem gravierten königlichen Monogramm aufnimmt. Die Griffe und besonders die Scheide des Weidbestecks sind großzügiger behandelt. Ihre figürlichen Darstellungen haben die antike Sage von der Jagdgöttin Diana und dem Jäger Aktäon zum

Gegenstand. Dieser zufolge hatte der Jäger die keusche Göttin beim Bade überrascht, wofür er von ihr bestraft wurde. Im oberen Drittel des Scheidenbeschlags ist die auf Felsgestein thronende Diana dargestellt. Ihr zu Füßen liegt der durch sie in einen Hirsch verwandelte und daraufhin von seinen eigenen Hunden getötete Aktäon. Die hetzende Hundemeute und der angefallene Hirsch werden in der Griffzone anschaulich in Szene gesetzt. Die vorgestellte Hatz steht in Bezug zur höfischen Jagd. Ein Gegenstück zu dem originellen Weidbesteck befindet sich in der Wallace Collection London. Es ist mit 1732 datiert und trägt das Wappen sowie die Initialen des Markgrafen Georg Friedrich Karl von Brandenburg-Kulmbach. J.B.

Hirschfänger
Schweizerisch. Vor 1692
Gefäßmodell:
Hans Peter Oeri
Zürich 1637 – Zürich 1692
Klinge: vermutlich Solingen

Rückenklinge, an der Spitze zweischneidig, Hohlschliff, am Ansatz punktiert und vergoldet; Gefäß Messing, gegossen, ziseliert und vergoldet.
Länge 79,5 cm, Klinge 65 cm, Gewicht 730 g
Inv.-Nr. X 356
Inventar der Kurkammer von 1716 (Nr. 131), fol. 228 Nr. 452 (Nachtrag von 1733).
Literatur: Ehrenthal 1899, S. 227 M 398. – Thieme/Becker 1907–1950, Bd. 25 (1931), S. 570. – Schöbel 1976, S. 90 Nr. 45, Abb. S. 69. – Meier 1983, S. 108. – Zürich 1988, S. 191–192 Nr. 53, Abb., S. 198–200 Nr. 56, Abb.

Der Hirschfänger wurde 1733 aus der »Garde Robbe« Augusts des Starken in die Kurkammer überwiesen. Die Gestaltung des Gefäßes und der Beschläge des Hirschfängers geht auf den Goldschmied Hans Peter Oeri, Meister in Zürich seit 1672, zurück. Zum Schaffenswerk des Schweizers gehört eine große Zahl von Gußmodellen für Waffenteile wie Griffe, Parierstangen, Schnallen und Traghaken. Oeri gestaltete vielfach Figuren ineinander verschlungener und miteinander kämpfender Tierkörper. Die Gußmodelle, die dem Dresdner Hirschfänger zugrunde lagen, fanden gleichfalls für einen Hirschfänger im Schweizerischen Landesmuseum Zürich Verwendung. Das Griffstück besteht aus zwei verlöteten Hälften. Die Knaufzone gibt den Kampf eines Löwen mit einem Bären wieder. Die Griffzone hat einen Jäger mit Fangeisen, der gespannt dem unerbittlichen Tierkampf folgt, zum Hauptmotiv. Die Darstellung entspricht der Praxis an den Fürstenhöfen, Tierkämpfe und Kampfjagden zu veranstalten. Das Gefäß des Hirschfängers wurde im 19. Jahrhundert verändert. Das Stichblatt fehlt, die Parierstangen sind gekürzt. Die schwarzlederne Scheide des Hirschfängers ist noch vorhanden. J.B.

Hirschfänger
Sächsisch. Erstes Viertel des 18. Jahrhunderts
Elfenbeinschnitzerei:
Balthasar Permoser (?)
Otting 1651 – Dresden 1732

Rückenklinge, an der Spitze zweischneidig, Klingenansatz punktiert und vergoldet; Griff Elfenbein, geschnitzt; Kreuz und Stangen Messing, gegossen, ziseliert und vergoldet.
Länge 78 cm, Klinge 64 cm, Gewicht 300 g
Inv.-Nr. X 366
Inventar der Kurkammer von 1716 (Nr. 131), fol. 228 Nr. 448.
Literatur: Ehrenthal 1899, S. 229 M 425. – Thieme/Becker 1907–1950, Bd. 26 (1932), S. 420–423. – Menzhausen 1968, S. 103 Nr. 114 und S. 104 Nr. 116, Abb. – Schöbel 1973, S. 210 Nr. 162 a, Abb. S. 220. – Essen 1986, S. 100 Kat.-Nr. 55, Abb. S. 89. – Garde Robe 1991, Nr. 20. – Bäumel 1991, S. 52–53.

Der Hirschfänger gehörte wie der vorgenannte zu den in der »Garde Robbe« verwahrten Leibwaffen Augusts des Starken, die nach dem Tod des Königs in die Kurkammer gegeben wurden. Die zierliche Waffe mit der schmalen Klinge, deren schwarzlederne Scheide erst unlängst wieder zugeordnet werden konnte, ist zur Parforcejagd ausgelegt. Die zur Defensive bestimmten Teile sind wenig ausgeprägt oder fehlen. Der Hirschfänger hat kurze Parierstangen. Ein Stichblatt ist nicht vorhanden. Die Parforcejagd gipfelte in einem zeremoniellen Akt, bei dem der mit dem »Fürstenruf« herbeigeholte Jagdherr in ritueller Gebärde dem gestellten und schon wehrlosen Hirsch mit dem Hirschfänger den Fangstoß erteilte. Die Waffe diente somit wesentlich repräsentativen Zwecken und war entsprechend gestaltet. Der Griff des vorgestellten Hirschfängers ist als vollplastische Figur des gehörnten, krummnasigen, beharrten und geißfüßigen arkadischen Gottes Pan gebildet. Der Pan, der ihm ähnliche Satyr sowie der Bacchus fanden als urwüchsige, der Sinneslust ergebene Wesen vielfach Eingang in die barocke Bildwelt. Auch Balthasar Permoser und seine Werkstatt wandten sich diesen Motiven zu. Kleinplastische Bildwerke des Meisters im Grünen Gewölbe und die Steinfiguren des Dresdner Zwingers geben davon beredtes Zeugnis. Die Elfenbeinfigur des Hirschfängers, vielleicht eine Arbeit des am Hof Augusts des Starken tätigen Permoser, besteht neben diesen Schöpfungen durchaus. Die Unbeschwertheit des Pans, welcher in sein Spiel auf der Syrinx versunken ist, rückt die Bestimmung der Jagdwaffe in Vergessenheit. Doch die Klingeninschrift mahnt deren eigentlichen Zweck an: »Hoc længi morti ferrum«, sinngemäß: Dies Eisen ist zum Töten. J. B.

Tafel 39 *Garnitur Steinschloßfeuerwaffen des Königs August III. von Polen*
Johann Christoph Stockmar
Suhl 1719 – Suhl 1747
Heidersbach bei Suhl. 1741, 1742 und 1744

Signiert: I: C: STOCKMAR A SVHL.
Lauf, Schloß und Montierung Eisen, geschnitten und poliert, auf punziertem Goldgrund, mit Hirschgrandeln besetzt; als Feuerstein ein Achat; Büchsenvisier Silber, gegossen und vergoldet; Schaft Nußbaumwurzel, erhaben verschnitten und poliert; mit Einlagen von Gold- und Silberdraht, Silberplättchen und mit Hirschgrandeln besetzt.
Büchse Länge 102,5 cm, Lauf 64 cm, Kaliber 15 mm, Gewicht 3 700 g
Inv.-Nr. G 892
Flinte Länge 136 cm, Lauf 98,5 cm, Kaliber 16 mm, Gewicht 3 120 g
Inv.-Nr. G 862
Inventar des Leibgewehrs von 1740 (Nr. 179), S. 231 u. S. 715.
Literatur: Ehrenthal 1900, S. 51 Nr. 892 a–c. – Thieme/Becker 1907–1950, Bd. 32 (1938), S. 79–80. – Schaal 1979, S. 57–62, Abb. – Schaal 1981, S. 15 Nr. 12, Abb.

Beide Gewehre, im Abstand von einem Jahr in der Werkstatt von Johann Nikolaus Stockmar gefertigt, wurden 1744 auf Wunsch des Hofes durch ein Pistolenpaar ergänzt. Die Waffen bilden in ihrem künstlerischen Programm wie in ihrer »pretieusen« Arbeit eine vierteilige Garnitur, wie Suhl sie bis zur Mitte des 18. Jahrhunderts für das sogenannte Leibgewehr des Königs, die Gewehrgalerie, mehrfach anfertigte. Die Stockmar-Werkstatt hatte dem König zunächst ein Büchsenpaar, vermutlich als Muster, zum Stückpreis von 600 Talern übergeben und zum gleichen Preis die Herstellung der Flinten in Aussicht gestellt, während die Lieferung der Pistolen mit 800 Talern das Paar angeboten und 1744 ausgeführt wurde. Die Höhe des Preises ist der Kostbarkeit der Arbeit angemessen und wird im Vergleich zu 5 Talern für ein Infanteriegewehr aus Olbernhau besonders deutlich. Als Vermittler des Kaufes trat der kursächsische Gewehrfaktor Johann Gabriel Friderici auf, dessen Marke F und GF über einer Henne, für die Grafschaft Henneberg, einige der Waffen auf der Schloßinnenseite tragen.

Die nur bei eigener Handhabung voll zu erschließende Schönheit der Stockmar-Waffen erklärt sich aus der Schmuckfreude ihrer Entstehungszeit und aus ihrer Eigenschaft als funktionsfähige Kabinettstücke einer mit allen Kostbarkeiten reich versehenen königlichen Sammlung. Das Fehlen eines graphischen Œuvres und die Lückenhaftigkeit des archivalischen Materials hat eine Scheidung der einzelnen Hände der Stockmar-Werkstatt, des Vaters Nikolaus und seiner Söhne Johann Christoph und Wolfgang Heinrich, bisher verhindert. Ihr künstlerisches Programm erwächst aus dem am Hof König Augusts III. von Polen (1696 – Kurfürst von Sachsen und König von Polen 1733–1763) exzessiv betriebenen Jagdvergnügen und beschreibt in kulturgeschichtlich bedeutsamen Szenen Jagdarten, Jagdgeräte und Jagdkostüme in sächsisch-thüringischer Landschaft, begleitet von hoheitlicher Emblematik. Für den Dekor der Waffen war jeweils ihr Anwendungsbereich maßgeblich, so daß Waffen desselben Typs übereinstimmende Darstellungen zeigen. Für die Büchsen der Stockmar-Garnitur ist das die Hirschjagd, hervorgehoben durch das Visier in Hirschgestalt. Ihm entsprach bei den für die Vogeljagd bestimmten Flinten ein heute verlorenes Schwanenvisier. Die der Parforcejagd dienenden Pistolen zeigen diese Jagdart und sind dem Jagdruhm gewidmet. Nur wenige Anhaltspunkte, so beispielsweise der Wechsel von einer männlichen zu einer weiblichen Maske auf den Abzugsbügeln der Büchsen, deuten darauf hin, daß das Königspaar den Anlaß zur Verdoppelung der Garnitur bot. D.S.

Tafel 40 *Schwert zum Ritterschlag*
Johann Melchior Dinglinger (?)
Biberach 1664 – Dresden 1731
Dresden. 1722

Klinge gemarkt: Königskopf (imitiert).
Zweischneidige Klinge mit Hohlschliff, geätzt und graviert; Gefäß Silber, vergoldet; große Dubletten von Bergkristall mit Facettenschliff und roter Metallfolie in Kastenfassungen; kleine Steine Bergkristall mit Facettenschliff in Kastenfassung.
Länge 93,7 cm, Klinge 78,8 cm, Gewicht 800 g
Inv.-Nr. VI 456
Staatsarchiv Dresden, Geheimes Cabinett, Acta, den Orden des goldenen Vließes bel. 1719, 1721, 1722. – OHMA N I, Ceremoniell bey Creirung des Woy. von Cracau, Fürsten Lubomirski zum Ritter zum goldenen Vließ in Warschau, 1732. – Inventar über das Juwelenzimmer von 1733 (Nr. 14), Bl. 66–68 Nr. 1. – Zugangsverzeichnis von 1885–1943 (Nr. 280), S. 50 Nr. 585/3 (1913).
Literatur: Faßmann 1734, S. 861–862. – Staats-Calender 1735. – Iccander 1737, S. 316. – Weinart 1777, S. 237. – Haenel 1923, S. 126, Tafel 63 a. – Bruges 1964, Nr. 642. – Schöbel 1973, S. 89 Nr. 67, Abb. S. 119. – Wrocław 1977, S. 23 Kat.-Nr. 41. – Historisches Museum 1979, S. 15 und S. 48 Nr. 14, Abb. – Schallaburg 1984, S. 129 Kat.-Nr. I.178, Abb. 17. – Essen 1986, S. 98 Kat.-Nr. 50, Abb. S. 80. – Czok 1987, S. 115 Abb. 125. – Kurfürsten 1991, S. 48 Kat.-Nr. 87.

Das Schwert ist das einzige in den Dresdner Sammlungen, von dem wir gesicherte Kenntnis haben, daß es zum Ritterschlag gebraucht wurde. Im Inventar über das Juwelenzimmer des Grünen Gewölbes von 1733, wo es erstmals aufgeführt wird, ist sein Gebrauch deutlich herausgestellt: »Mit diesem Schwerdt seynd Ihro Königl. Hoheit der Chur Fürst Friedrich Augusten von Dero in Gott ruhenden Herrn Vatters Königl. Majt. ... zum Ritter von Güldenen Vließ geschlagen worden.« Die Regeln des Ordens vom Goldenen Vlies forderten, daß der Kandidat vor der Aufnahme in die Ordensgemeinschaft den Ritterschlag empfangen und den Eid geleistet haben mußte. Der sächsische Kurprinz wurde im Juni 1722 in den Orden aufgenommen. Im April des Jahres hatte eine Prüfung seitens des Ordens ergeben, daß der Kandidat noch nicht zum Ritter geschlagen wurde, obwohl er bereits Mitglied zweier Orden war. Beim dänischen Elefanten-Orden war der Ritterschlag bereits außer Gebrauch, der polnische Weiße-Adler-Orden sah ihn ohnehin nicht vor. Mit Rücksicht auf den dänischen König hatte der Kaiser es August II. freigestellt, die Zeremonie in der Kammer oder öffentlich zu vollziehen. Der König entschied sich für letzteres. Zu der öffentlichen Zeremonie mußte natürlich ein repräsentatives Schwert bereitgestellt werden. Vorhandene Schwerter, die an andere Zwecke gebunden waren, kamen für den weihevollen Akt nicht in Betracht. So liegt die Annahme nahe, daß das verwendete »Ritter-Schwerdt« eigens zu dem gegebenen Anlaß gefertigt wurde. Die Konzeption des Schwertes bezieht sich ganz auf das Ereignis. Sein sakraler Charakter ist dem katholischen Orden angemessen. Wie ein Ostensorium steht der Knauf mit dem blutroten Stein über dem von geharnischten Ritterarmen gebildeten Kreuz. Diese halten einem Unterpfand gleich blutrote Steine in festen Händen. Die Fülle und Dichte der das Licht spiegelnden weißen Steine lassen das Schwert hell aufstrahlen. Wer, wenn nicht Johann Melchior Dinglinger, der Hofjuwelier Augusts des Starken, konnte in so kurzer Zeit und mit solcher Bündigkeit dem besonderen Auftrag entsprochen haben?

Die Zeremonie des Ritterschlages wurde im Paradesaal des Dresdner Residenzschlosses öffentlich an Friedrich August (II.) von Sachsen vollzogen. Sie erfolgte, wie es der Orden beschlossen hatte, nach dem Vorbild der Ordensverleihung an den polnischen Kronprinzen Ladislaus im Jahre 1616. Das Schwert wurde, da man es 1734 zur Verleihung des Vlies-Ordens an den Fürsten Lubomirski in Warschau wiederverwendete, fortan als »dasjenige, so gebraucht wird, wenn Ritter geschlagen werden«, angesehen. Die Ordensverleihung an Friedrich August (II.) von Sachsen 1722 und an den Wojewoden von Krakau, Fürst Lubomirski, 1734, waren in Hinblick auf die sächsisch-polnische Union bedeutsam. Der Kurprinz bekräftigte mit der Ordensnahme seine Konversion zum katholischen Glauben, die ihm die Anwartschaft auf die Nachfolge seines Vaters als polnischer König eröffnete. Karl VI. (1685 – Kaiser 1711–1740) gestattete, wohl im Interesse dieser Sache und entgegen den Ordensregeln, August dem Starken und dessen Sohn, neben dem Goldenen-Vlies-Orden den polnischen Weißen-Adler-Orden beizubehalten. Lubomirski stellte seinen Machteinfluß in Polen in den Dienst Friedrich Augusts II. von Sachsen, der 1734 zum König von Polen gekrönt wurde.

J.B.

Einband   *Helm, Schild und Stab*
hinten   Johann Melchior Dinglinger
Biberach 1664 – Dresden 1731
Dresden. 1709

Helm Kupfer, getrieben, vergoldet, Glasflüsse mit Facettenschliff in Kastenfassungen; Futter blauer Seidensamt.
Höhe 28 cm, Gewicht 2,14 kg
Inv.-Nr. N 164
Schild An der Schildkante ehemals die Devise: SANS CRAINTE (Ohne Furcht).
Kupfer, getrieben, vergoldet, teilweise versilbert, mit facettierten Glasflüssen in Kastenfassungen besetzt; Futter blaugrauer Seidensamt.
Höhe 51 cm, Breite 30 cm
Inv.-Nr. N 169
Inventar der Guten Schlittenkammer von 1708 (Nr. 127), S. 107.
Literatur: Reibisch 1826, Tab. 30 Fig. 68, 69, 70. – Watzdorf 1962, S. 92–93, Abb. 96 u. S. 95. – Washington 1978, S. 140 Nr. 216 u. 219, Abb. – Wozel 1979, S. 91 Nr. 60, Abb. – Nikkel 1983, Abb. 6–8. – Schallaburg 1984, S. 131 Nr. I. 183, Abb. – Essen 1986, S. 114 Nr. 87, Abb. – Dresden 1991, S. 44 Nr. 79.
Stab 17. Jahrhundert, überarbeitet 1717.
Silber (?), vergoldet, teilweise emailliert, mit farbigen, facettierten Steinen in Kastenfassungen besetzt.
Länge 94 cm, Gewicht 1,08 kg
Inv.-Nr. T 309
Inventar der Guten Schlittenkammer von 1717 (Nr. 128), S. 22 Nr. 29.
Literatur: Reibisch 1826, Tab. 30 Fig. 68, 69, 70. – Nickel 1983, Abb. 6–8. – Vermißte Kunstwerke 1990, S. 90–91 Nr. 265 und 267, Abb. – Dresden 1991, S. 44 Nr. 79.

Die Helmglocke hat die Form eines Adlers mit ausgebreiteten Schwingen. Dem Kopf des Adlers ist eine Federhülse aufgesetzt. Die Augen bestehen aus Glasflüssen. Im gebogenen Schnabel befindet sich ein Ring, an dem früher ein Kettchen mit »Diamant«-Anhänger hing. Um den Hals ist eine mit Glasrosetten besetzte Kette gelegt. Auf dem Rücken des Adlers sieht man einen mit Schnurlöchern versehenen Helmkamm aus Kupferblech. Der Stirnstulp des Helmes ist breit aufgeschlagen, mit blauem Seidensamt gefüttert und mit bunten Glasflüssen besetzt.

Der Schild hat eine geschwungene, asymmetrische Form. Sein Mittelfeld ist durch einen parallel zum Rand verlaufenden Wulst eingefaßt. Dazwischen befinden sich Gruppen von Glasflüssen. Der im Mittelfeld auf einem Postament aus vier konischen Glasflußreihen stehende Adler ist getrieben, versilbert und bekrönt. Auf der Brust des Adlers wurde ein großer, rauchfarbener Stein eingelegt. Längs der oberen Schildkante ist ein eingerolltes, versilbertes Schriftband befestigt. Dieses trug die nicht mehr vorhandene Inschrift, die Devise »SANS CRAINTE«. Auf der Innenseite des Schildes fallen das blaugraue Seidensamtfutter, eine Messinglasche zum Einhängen des Schildes und eine konisch ausgebildete Handhabe auf.

Der in der Mitte glatte Stab ist an beiden Enden mit emaillierten Blüten und farbigen Steinen besetzt. 1717 wurde darauf eine sich zum Flug aufschwingende silberne Adlerfigur gesetzt. Im Rahmen einer Konservierungsmaßnahme wurde sie 1928 vom Stab abgenommen.

Unter der Regentschaft Augusts des Starken wurde Dresden zu einem der glanzvollsten Höfe Europas. Anläßlich des fünfwöchigen Besuches des Königs Frederik IV. von Dänemark (1671 – 1699–1730) im Mai und Juni 1709 veranstaltete August der Starke Bankette, Ringelstechen, Feuerwerke und andere Festlichkeiten. Der Große Aufzug zum Karussell-Rennen der Vier Weltteile am 19. Juni 1709 war eines der rauschendsten jener Feste. Zu diesem Anlaß trug der dänische Gast als Chef der »Europäer« den Helm und den Schild mit dem Adlermotiv. Der Stab wurde erst 1717 mit einem Adler versehen und den beiden erstgenannten Stükken zugeordnet. Der dänische König führte 1709 einen anderen, mit einer Muschel besetzten Stab. Er ist wie die silberne Adlerfigur Kriegsverlust.

H. S.

*Schwert, Pusikan und Säbel
für den Kurfürsten Christian II. von Sachsen*
Johann Michael
Prag. 1612

Tafel 33

Pfeil- und Bogenköcher
Türkisch. Anfang des 17. Jahrhunderts
Bogen
Pijale
Türkisch. 1586—1587
Pfeile
Türkisch. 17. Jahrhundert

Säbel
Klinge: türkisch. Anfang des 16. Jahrhunderts
Gefäß und Scheide: Ende des 17. Jahrhunderts.
Überarbeitet von Georg Christoph Dinglinger 1721

Tafel 35

*Paar Radschloßgewehre
des Herzogs Johann Georg (IV.) von Sachsen*
Christian Herold
Dresden. 1669

Tafel 36

*Paar Steinschloßpistolen
des Königs August II. von Polen*
Jacob Kosters
Maastricht. Um 1660

Jagdwaffen des Königs August II. von Polen
Weidmesser
Deutsch. Vor 1730
Hirschfänger
Schweizerisch. Vor 1692
Gefäßmodell: Hans Peter Oeri, Zürich. Klinge: vermutlich Solingen
Hirschfänger
Sächsisch. Erstes Viertel des 18. Jahrhunderts
Elfenbeinschnitzerei: Balthasar Permoser (?), Dresden

*Garnitur Steinschloßfeuerwaffen
des Königs August III. von Polen*
Johann Christoph Stockmar
Heidersbach bei Suhl. 1741, 1742 und 1744

Schwert zum Ritterschlag
Johann Melchior Dinglinger (?)
Dresden. 1722

Anhang

Meisterregister

Die angegebenen Zahlen verweisen auf die Tafel-Nummern

Albrecht, Bernhard 22 und 23
Aldegrever, Heinrich 1
Beham, Sebald 1
Caias, Diego de 4
Cantona, Catarina Leuca 6
Danner, Wolf 16
Delaune, Etienne 9 und Einband vorn
Dinglinger, Georg Christoph 35
Dinglinger, Johann Melchior 40 und Einband hinten
Duri, Francesco di 20
Eberl, Ulrich 15
Fleischer, Georg 26
Flötner, Peter 3
Franciscus 4
Friese, Hans Erich 31
Gipfel, Gabriel 30, 31 und 32
Götersdorfer, Marx 18
Groß, Nikolaus 33
Gundelach, Matthäus 1
Hänsch, Louis 36
Herold, Christian 36
Jamnitzer, Wenzel 1
Kaphan, Franz 6 und 7
Kaphan, Georg 7
Kaphan, Matz 7
Kaphan, Paul 7
Kellerthaler, Daniel 31
Knopf, Heinrich 9
Kosters, Jacob 37
Leckner, Elias 18
Leoni, Pompeo 6
Libaerts, Eliseus 9 und Einband vorn
Lopes, Forgas Foo 12
Meister GE 28
Meister HG 16
Michael, Johann 33
Mielich, Hans 15
Oeri, Hans Peter 38
Peffenhauser, Anton 21, 23 und 27
Permoser, Balthasar 38
Piccinino, Lucio 6
Picinino, Antonio 19
Picinino, Federico 19
Pijale 34
Pock, Hans 12
Pockh, Pery Juan 12
Rappusch d. Ä., Heinrich 14
Reichel, Tobias 29
Rockenberger, Sigmund 25
Rosenberger, Hans 25
Salamanca, Antonio 6
Seusenhofer, Jörg 8
Solis, Virgil 1, 3
Speyer d. J., Peter von 21
Stockmar, Johann Christoph 39
Stockmar, Heinrich Wolfgang 39
Stockmar, Nikolaus 39
Tirol, Hans 11
Trunck, Lorenz 1
Veneziano, Agostino 6
Vinci, Leonardo da 22
Walther, Hans 26
Wehme, Zacharias 10
Weiditz, Christoph 13
Zündt, Mathias 3

Literatur

Augsburg 1980
Welt im Umbruch. Augsburg zwischen Renaissance und Barock. – 2 Bände. – Augsburg, 1980. – Ausstellungskatalog
Bäumel 1986
Bäumel, Jutta: Das Zeremoniell der Belehnung Herzog Augusts von Sachsen mit der sächsischen Kurwürde 1566 in Augsburg. – In: Dresdener Kunstblätter. – 3/1986. – Dresden, 1986. – S. 71–77
Bäumel 1987
Bäumel, Jutta: Das Trauerzeremoniell für Kurfürst August von Sachsen 1586 in Dresden und Freiberg. – In: Dresdener Kunstblätter. – 6/1987. – Dresden, 1987. – S. 209–216
Bäumel 1992
Bäumel, Jutta: Jagdblankwaffen in der kurfürstlich-sächsischen Rüstkammer. – In: Vom Jagen. Museum Schloß Moritzburg. – Moritzburg, 1992. – S. 47–53. – Ausstellungskatalog
Bergbau 1990
Der silberne Boden. Kunst und Bergbau in Sachsen. – Hrsg. von Manfred Bachmann, Harald Marx und Eberhard Wächtler. – Stuttgart, Leipzig, 1990. – Ausstellungskatalog
Berling 1890
Berling, Karl: Die Dresdner Malerinnung. – In: Neues Archiv für sächsische Geschichte und Altertumskunde. – Bd. 11. – Dresden, 1890. – S. 263–281
Beutel 1703
Beutel, Tobias: Chur-Fürstlicher Sächsischer stets grünender hoher Cedern-Wald. – 3. Aufl. – Dresden, 1703
Blackmore 1971
Blackmore, H. L.: Hunting Weapons. – London, 1971
Blair 1971
Blair, Claude: A Royal Swordsmith and Damascener: Diego de Caias. – In: Metropolitan Museum Journal. – Vol. 3/1970. – New York, 1971. – S. 149–198

Boccia/Coelho 1975
Boccia, Lionello G. und Eduardo T. Coelho: Armi bianche italiane. – Milano, 1975
Boeheim 1897
Boeheim, Wendelin: Meister der Waffenschmiedekunst vom XIV. bis ins XVIII. Jahrhundert. – Berlin, 1897
Brückner 1866
Brückner, G.: Die zu Dresden im April 1575 zu Ehren des Kaisers Maximilian II. veranstalteten Festlichkeiten. – In: Archiv für die sächsische Geschichte. – Hrsg. von Karl von Weber. – Bd. 4. – Leipzig, 1866. – S. 225–241
Brüges 1964
Toison d' Or. Musée Communal des Beaux-Arts. – Brüges, 1964
Cederström/Steneberg 1945
Cederström, Rudolf und Karl E. Steneberg: Skokloster-Skölden. – Stockholm: Nordisk Rotogr. 1945
Czok 1987
Czok, Karl: August der Starke und Kursachsen. – Leipzig, 1987
Davillier 1879
Davillier, Charles: Recherches sur e' Orfevrerie en Espagne. – Paris, 1879
Doering 1901
Doering, Oscar: Des Augsburger Patriciers Philipp Hainhofer Reisen nach Innsbruck und Dresden. – Wien, 1901
Dresden 1908
Kunst und Kultur unter den Sächsischen Kurfürsten. – Dresden, 1908. – Ausstellungskatalog
Dresden 1960
400 Jahre Dresdener Kunstsammlungen. Von der kurfürstlichen Kunstkammer zu sozialistischen Bildungsstätten des Volkes. – Dresden, 1960. – Ausstellungskatalog
Dresden 1990
Restaurierte Kunstschätze aus Dresdener Museen. – Dresden, 1990. – Ausstellungskatalog

Dresden 1991
: Schaal, Dieter, Jutta Bäumel und Holger Schuckelt: Die Kurfürsten von Sachsen. Repräsentation in Bildnis und Rüstung. – Dresden, 1991. – Ausstellungskatalog

Ehrenthal 1897–1899
: Ehrenthal, Max von: Die Beziehungen der Wettiner albertinischer Linie zu dem Hause Habsburg. – In: Zeitschrift für Historische Waffenkunde. – Bd. 1. – Dresden, 1897–1899. – S. 105–109

Ehrenthal 1899
: Ehrenthal, Max von: Führer durch das Königliche Historische Museum zu Dresden. – Dresden, 1899

Ehrenthal 1900
: Ehrenthal, Max von: Führer durch die Königliche Gewehr-Galerie zu Dresden. – Dresden, 1900

Erbstein 1884
: Erbstein, Julius und Albert Erbstein: Das königliche Grüne Gewölbe zu Dresden. – Dresden, 1884

Erbstein 1889
: Erbstein, Albert: Beschreibung des Königlichen Historischen Museums und der Königlichen Gewehrgalerie zu Dresden. – Dresden, 1889

Essen 1986
: Barock in Dresden. Staatliche Kunstsammlungen Dresden, Kulturstiftung Ruhr, Essen, Villa Hügel. – Leipzig, 1986. – Ausstellungskatalog

Faßmann 1734
: Faßmann, D.: Das glorwürdigste Leben und Thaten Friedrich Augusti des großen, Königs in Pohlen. – Frankfurt, Leipzig, 1734

Forrer 1909–1911
: Forrer, Rudolf: Über kombinierte Waffen. – In: Zeitschrift für Historische Waffenkunde. – Bd. 5. – Dresden, 1909–1911. – S. 97–104

Frauendorf 1991
: Frauendorf, Andreas: Erarbeitung einer Konzeption zur Restaurierung und Konservierung einer Radschloßpistole. – Unveröffentlichte Abschlußarbeit. – Berlin, 1991

Frenzel 1850
: Frenzel, F. A.: Der Führer durch das Historische Museum zu Dresden. – Leipzig, 1850

Garde Robe 1991
: Die Garde Robe Augusts des Starken (Faltblatt). – Wiss. Bearbeitung von Jutta Bäumel. – Dresden, 1991

Gurlitt 1889
: Gurlitt, Cornelius: Deutsche Turniere, Rüstungen und Plattner des XVI. Jahrhunderts. – Dresden, 1889

Haenel 1910
: Haenel, Erich: Bolzenkasten und Armbrust des Kurfürsten August im Historischen Museum zu Dresden. – In: Mitteilungen aus den sächsischen Kunstsammlungen. – Jg. 1. – Leipzig, 1910. – S. 52–65

Haenel 1913
: Haenel, Erich: Alte Waffen. – Berlin, 1913

Haenel 1923
: Haenel, Erich: Kostbare Waffen aus der Dresdener Rüstkammer. – Leipzig, 1923

Haenel 1938
: Haenel, Erich: Alte Jagdwaffen in der Kurfürstlichen Rüstkammer zu Dresden. – In: Tharandter Forstliches Jahrbuch. – Bd. 89. – 1938. – S. 798–815

Hampe 1904
: Hampe, Theodor: Nürnberger Ratsverlässe über Kunst und Künstler im Zeitalter der Spätgotik und Renaissance. – Wien, Leipzig, 1904

Hampel 1897–1899
: Hampel, Josef: Das Kurschwert Friedrichs des Streitbaren von Sachsen. – In: Zeitschrift für Historische Waffenkunde. – Bd. 1. – Dresden, 1897–1899. – S. 81–84

Hayward 1959
: Hayward, John F.: Mannerist sword hilt designs. – In: Livrustkammaren. Journal of the Royal Armoury Stockholm. – Vol. 8. – Stockholm 1958–1960. – S. 79–109

Hayward 1968/1969
: Hayward, John F.: Die Kunst der alten Büchsenmacher. – 2 Bde. – Hamburg, Berlin, 1968, 1969

Hayward 1976
: Hayward, John F.: Virtuoso Goldsmiths and the Triumph of Manierism 1540–1620. – London, 1976

Hayward 1980
: Hayward, John F.: Augsburg Swords. – In: Waffen- und Kostümkunde. – Bd. 22. – München, Berlin, 1980. – S. 3–14

Heerwagen 1908
: Heerwagen, Heinrich: Beiträge zur Geschichte der Kunst und des Kunsthandwerks in Nürnberg 1532–42. – In: Mitteilungen aus dem Germanischen Nationalmuseum. – Jg. 1908. – Nürnberg, 1908. – S. 106–124

Hefner-Alteneck 1903
Hefner-Alteneck, J.H. von: Waffen. Ein Beitrag zur historischen Waffenkunde. – Frankfurt/M., 1903

Hentschel 1966
Hentschel, Walter: Dresdner Bildhauer des 16. und 17.Jahrhunderts. – Weimar, 1966

Hettner/Büttner 1871
Hettner, Hermann und Gustav Büttner: Photographien nach Gegenständen aus dem Königl.Historischen Museum in Dresden. – 2 Bde. – München, 1871

Historisches Museum 1959
Schöbel, Johannes: Führer durch das Historische Museum Dresden. – Dresden, 1959. – Ausstellungskatalog

Historisches Museum 1962
Schöbel, Johannes: Historisches Museum Dresden. – Dresden, 1962. – Ausstellungskatalog

Historisches Museum 1972
Schöbel, Johannes: Historisches Museum Dresden. – Dresden, 1972. – Ausstellungskatalog

Historisches Museum 1979
Schöbel, Johannes und Dieter Schaal: Historisches Museum. – Dresden, 1979. – Ausstellungskatalog

Hoff 1978
Hoff, Arne: Dutch Firearms. – London, 1978

Holzhausen/Watzdorf 1931
Holzhausen, Walter und Erna von Watzdorf: Brandenburgisch-sächsische Wachsplastik des XVI.Jahrhunderts. – In: Jahrbuch der Preußischen Kunstsammlungen. – Bd.52. – Berlin, 1931

Holzhausen 1939
Holzhausen, Walter: Die Kellerthaler. – In: Neues Archiv für sächsische Geschichte. – Bd.60. – Dresden, 1939. – S.214–223

Holzhausen/Kesting 1966
Holzhausen, Walter und Edmund Kesting: Prachtgefäße, Geschmeide, Kabinettstücke. Goldschmiedekunst in Dresden. – Tübingen, 1966

Iccander 1726
Iccander, d.i. Johann Christian Crell: Kurzgefaßtes Sächsisches Kern-Chronicon ... Merkwürdige Begebenheiten in Sachsen ... größtenteils seit dem Jahre 1720. – Leipzig, 1726

Iccander 1738
Iccander, d.i. Johann Christian Crell: Sächsisches Curiositäten-Cabinet auf das Jahr 1737. – Dresden, 1738

Ilgner 1929–1931
Ilgner, Emil: Maastrichter Elfenbeinpistolen. – In: Zeitschrift für historische Waffen- und Kostümkunde. – Bd.12. – Berlin 1929–1931. – S.210–214

Koetschau 1905
Koetschau, Karl: Ein Axthammer mit Schießvorrichtung. – In: Beiträge zur Geschichte der Handfeuerwaffen. – Dresden, 1905. – S.116–123

Kohlhaussen 1968
Kohlhaussen, Heinrich: Nürnberger Goldschmiedekunst des Mittelalters und der Dürerzeit 1240–1540. – Berlin, 1968

Krempel 1967
Krempel, Ulla: Augsburger und Münchner Emailarbeiten des Manierismus. – In: Münchner Jahrbuch der bildenden Kunst. – München, 1967. – S.111–186

Lewerken 1989
Lewerken, Heinz-Werner: Kombinationswaffen des 15.–19.Jahrhunderts. – Berlin, 1989

Lieber 1979
Lieber, Elfriede: Verzeichnis der Inventare der Staatlichen Kunstsammlungen Dresden 1568–1945. – Dresden, 1979

List 1912
List, C.: Die Waffen. – In: Die Ausstellung von Meisterwerken muhammedanischer Kunst in München 1910. – Bd.3. – Hrsg. von F.Sarre und F.R.Martin. – Berlin, 1912. – Ausstellungskatalog

Lützenburg 1566
Lützenburg, Nicolaus Mameranus von: Kurtze un eigentliche verzeichnus der Römischen Kayserlichen Mayestat/vnnd ihrer Mayestat Gemahels Hofstats/vnnd aller anwesenden Churfürsten/ ... /so auff dem Reichstag zu Augsburg/im Jar 1566 ... anwesend. Auch mit aygendlicher beschreibung/wie der Churfürst Augustus zu Sachsen/vnnd Herr Georg Teutsch Maister/ire Regalien vnnd Lehen von irer Kay. May. empfangen haben. – Augsburg, 1566

Martin 1967
Martin, Paul: Waffen und Rüstungen von Karl dem Großen bis zu Ludwig XIV. – Fribourg, 1967

Meier 1983
Meier, Jürg A.: Zürcher Gold- und Waffenschmiede. – In: E.Lösel: Zürcher Goldschmiedekunst vom 13. bis zum 19.Jahrhundert. – Zürich, 1983

Menzhausen 1968
Menzhausen, Joachim: Das Grüne Gewölbe. – Leipzig, 1968
Mihalik 1961
Mihalik, Sandor: Old Hungarian Enamels. – Budapest, 1961
Müller 1701
Müller, Johann Sebastian: Annales des Chur- und Fürstlichen Hauses Sachsen von Anno 1400 bis 1700. – Leipzig, 1701
Müller 1979
Müller, Heinrich: Gewehre, Pistolen, Revolver. – Leipzig, 1979
Müller/Kölling 1981
Müller, Heinrich und Hartmut Kölling: Europäische Hieb- und Stichwaffen aus der Sammlung des Museums für Deutsche Geschichte. – Berlin, 1981
Mutschelknauf 1929
Mutschelknauf, E.: Die Entwicklung des Nürnberger Goldschmiedehandwerks von seinen ersten Anfängen an bis zur Einführung der Gewerbefreiheit im Jahre 1869. – Leipzig, 1929
Nickel 1974
Nickel, Helmut: Ullstein Waffenbuch. – Berlin, Frankfurt/M., Wien, 1974
Nickel 1983
Nickel, Helmut: Über einige Inventionsstücke zum Großen Aufzuge des Caroussell-Rennens der Vier Weltteile zu Dresden im Jahre 1709. – In: Waffen- und Kostümkunde. – Bd. 25. – München, Berlin, 1983. – S. 81–94
Nollain/Clauss 1873
Nollain, Friedrich und Carl Clauss: Die Königliche Gewehr-Gallerie zu Dresden. – Dresden, 1873
Nürnberg 1985
Wenzel Jamnitzer und die Nürnberger Goldschmiedekunst 1500–1700. – München, 1985. – Ausstellungskatalog
O'Byrn 1880
O'Byrn, F. A. von: Die Hofsilberkammer und die Hofkellerei zu Dresden. – Dresden, 1880
Pechstein 1987
Pechstein, Klaus: Deutsche Goldschmiedekunst vom 15. bis zum 20. Jh. – Berlin, 1987
Pigler 1974
Pigler, A.: Barockthemen. Eine Auswahl von Verzeichnissen zur Ikonographie des 17. und 18. Jahrhunderts. – 2. Aufl. – 3 Bde. – Budapest, 1974
Rachel 1905
Rachel, Paul Moritz: Aus den Akten der Dresdner Goldschmiedeinnung. – In: Dresdner Geschichtsblätter. – Bd. 4. – Jg. 14. – Dresden, 1905. – S. 57–68
Rahnfeld o. J.
Rahnfeld, F. A.: Notizen für den Beschauer des Königlichen historischen Museums im Zwingergebäude zu Dresden. – Dresden, o. J. (vor 1876)
Reibisch 1826
Reibisch, Friedrich M.: Eine Auswahl merkwürdiger Gegenstände der Königlich Sächsischen Rüstkammer. – Dresden, 1826
Richter 1906
Richter, Otto: Dresdner Bilderchronik. – T. 1. – Dresden, 1906
Rosenberg 1890
Rosenberg, Marc: Der Goldschmiede Merkzeichen. – Frankfurt/M., 1890
Rosenberg 1922–1928
Rosenberg, Marc: Der Goldschmiede Merkzeichen. – Frankfurt/M. – 4 Bde. – 1922–1928
Scalini 1990
Scalini, Mario: Mecenatismo Artistico Farnesiano ed Armature Istoriate Nella Seconda Meta del Cinquecento. – In: Waffen- und Kostümkunde. – Bd. 32. – München, Berlin, 1990. – S. 1–34
Schaal 1975
Schaal, Dieter: Katalog Dresdner Büchsenmacher. 16.–18. Jahrhundert. – Dresden, 1975
Schaal 1979
Schaal, Dieter: Katalog Suhler Feuerwaffen, 17.–18. Jahrhundert. – Dresden, 1979
Schaal 1981
Schaal, Dieter: Verzierte Waffen. – Leipzig, 1981
Schädler 1987
Schädler, Alfred: Zur Kleinplastik von Christoph Weiditz. – In: Münchner Jahrbuch der bildenden Kunst. – F. 3, Bd. 38. – München, 1987. – S. 161–184
Schallaburg 1984
Barock und Klassik. Kunstzentren des 18. Jahrhunderts in der Deutschen Demokratischen Republik. – Niederösterr. Landesmuseum Wien, Schallaburg 1984. – Ausstellungskatalog
Schier 1867
Schier, Karl H.: Die arabischen Inschriften in der Königl. Gemälde-Gallerie, dem Grünen Gewölbe und Alterthums-Museum zu Dresden. – Leipzig, 1867
Schmidt/Sponsel 1909
Schmidt, O. E. und Jean Louis Sponsel:

Bilder-Atlas zur sächsischen Geschichte. – Leipzig, Dresden, 1909
Schöbel 1961
Schöbel, Johannes: Orientalica. – Dresden, 1961
Schöbel 1966
Schöbel, Johannes: Ein Prunkharnisch. – Leipzig, 1966
Schöbel 1972
Schöbel, Johannes: Helme und Schilde. – Dresden, 1972
Schöbel 1973
Schöbel, Johannes: Prunkwaffen. Waffen und Rüstungen aus dem Historischen Museum Dresden. – Leipzig, 1973
Schöbel 1974
Schöbel, Johannes: Türkenschatz. – Leipzig, 1974
Schöbel 1976
Schöbel, Johannes: Jagdwaffen. – Berlin, 1976
Schöbel 1977
Schöbel, Johannes: Harnische. – Dresden, 1977
Schuckelt 1991
Schuckelt, Holger: Kurfürst Johann Georg III. von Sachsen (1647 bis 1691). – In: Dresdener Kunstblätter. – 5/91. – Dresden, 1991. – S.130–139
Schuckelt 1992
Schuckelt, Holger: Zum Säbel der Saphir-Garnitur – Synthese türkischer und europäischer Kunst. – In: Staatliche Kunstsammlungen Dresden, Jahrbuch. – Bd.21, 1989/90. – Dresden, 1992. – S.32–35
Seidlitz 1920–1922
Seidlitz, Woldemar von: Die Kunst in Dresden vom Mittelalter bis zur Neuzeit. – T.1–4. – Dresden, 1920–1922
Seitz 1965
Seitz, Heribert: Blankwaffen. T.1: Geschichte und Typenentwicklung im europäischen Kulturbereich. – Braunschweig, 1965
Seling 1980
Seling, Helmut: Die Kunst der Augsburger Goldschmiede 1529–1868. – München, 1980
Sponsel 1906
Sponsel, Jean Louis: Fürsten-Bildnisse aus dem Hause Wettin. – Dresden, 1906
Sponsel 1924
Sponsel, Jean Louis: Der Zwinger, die Hoffeste und die Schloßbaupläne zu Dresden. – 2 Bde. – Dresden, 1924
Staats-Calender 1735
Königl. Pohln. und Churfürstl. Sächsischer Hof- und Staats-Calender Auf das Jahr 1735
Stockholm 1992
Riddarlek och Tornerspel – Tournaments and the Dream of Chivalry. – Stockholm, 1992. – Ausstellungskatalog
Stuttgart 1987
Exotische Welten – europäische Phantasien. – Stuttgart, 1987. – Ausstellungskatalog
Theumert 1963
Theumert, Joachim: Harnische. – Dresden, 1963
Thieme/Becker 1907–1950
Allgemeines Lexikon der Bildenden Künstler von der Antike bis zur Gegenwart. – Hrsg. von U.Thieme und F.Becker. – 37 Bde. – Leipzig, 1907–1950
Thomas/Gamber/Schedelmann 1963
Thomas, Bruno, Ortwin Gamber und Hans Schedelmann: Die schönsten Waffen und Rüstungen aus europäischen und amerikanischen Sammlungen. – Heidelberg; München, 1963
Tokyo 1979
Goldschmiedekunst und Prunkwaffen aus Dresden. – Tokyo, Kunstgalerie des Mitsukashi, Nihombashi, 1979. – Ausstellungskatalog
Vermißte Kunstwerke 1990
Schaal, Dieter u.a.: Vermißte Kunstwerke des Historischen Museums Dresden. – Dresden, 1990
Vöge 1932
Vöge, Wilhelm: Bildwerke Deutscher Medailleure. – In: Jahrbuch der Preußischen Kunstsammlungen. – Bd.53. – Berlin, 1932. – S.138–162
Washington 1978
The Splendor of Dresden. – Washington, 1978. – Ausstellungskatalog
Watzdorf 1933
Watzdorf, Erna von: Gesellschaftsketten und Kleinode vom Anfang des 17.Jahrhunderts. – In: Jahrbuch der Preußischen Kunstsammlungen. – Bd.54 – Berlin, 1933. – S.167–187
Watzdorf 1935
Watzdorf, Erna von: Kursächsische Jagdwaffen von Gabriel Gipfel im Dresdner Rüstkammer. – In: Zeitschrift für historische Waffen- und Kostümkunde. – Bd.14. – Berlin, 1935–1936. – S.4–14
Watzdorf 1962
Watzdorf, Erna von: Johann Melchior Dinglinger. Der Goldschmied des deutschen Barock. – Berlin, 1962

Weinart 1777
: Weinart, Benjamin Gottfried: Topographische Geschichte der Stadt Dresden. – Dresden, 1777

Weiss 1897
: Weiss, August: Das Handwerk der Goldschmiede in Augsburg bis zum Jahre 1681. – Leipzig, 1897

Wernicke 1892
: Wernicke, E.: Zur Geschichte der Goldschmiedekunst in Sachsen. – In: Neues Archiv für sächsische Geschichte und Altertumskunde. – Bd. 13. – Dresden, 1892. – S. 132–141

Wien 1892
: Jahrbuch der Kunsthistorischen Sammlungen des Allerhöchsten Kaiserhauses. – Bd. 13. – Wien, 1892

Willers 1973
: Willers, Johann Karl Wilhelm: Die Nürnberger Handfeuerwaffen bis zur Mitte des 16. Jahrhunderts. – Erlangen, 1973 (Phil. Diss., Schriftenreihe des Stadtarchivs Nürnberg, 11/1973)

Wozel 1979
: Wozel, Heidrun: Turniere. Exponate aus dem Historischen Museum zu Dresden. – Berlin, 1979

Wrocław 1977
: Broń paradna XVI–XVIII wieku. – Wrocław, 1977. – Ausstellungskatalog

Zeller 1981
: Zeller, Joachim: Jan Sobieski. Briefe an die Königin. – Berlin, 1981

Zürich 1988
: Barocker Luxus. Das Werk des Zürcher Goldschmieds Hans Peter Oeri 1637–1692. – Zürich, 1988. – Ausstellungskatalog

Plan der Ausstellung
Semperbau – Osthalle

- Kunstkammerstücke des 15. bis 18. Jahrhunderts
- Harnische für Mann und Roß, Schwerter, Dolche und Jagdwaffen von 1425 bis 1550
- Harnische für Mann und Roß, Kettenhemden, Helme, Schilde, Schwerter, Säbel, Dolche, Schlagwaffen, Jagdwaffen, Jagdgerät, Armbrüste, Gewehre, Pistolen, Reitzeuge und Textilien von 1550 bis 1625
- Kombinationswaffen des 16. bis 18. Jahrhunderts
- Turnierwaffen des 15. bis 18. Jahrhunderts
- Orientalische und orientalisierende Waffen des 16. bis 18. Jahrhunderts
- Harnische, Schwerter, Degen, Säbel, Dolche, Jagdwaffen, Jagdgerät, Gewehre und Pistolen von 1625 bis zum Ende des 18. Jahrhunderts
- Kunstwerk des Monats
- An den Wänden und Pfeilern der Halle sind Bildnisse sächsischer Fürsten, Helme, Schilde, Schwerter, Stangenwaffen, Armbrüste und Karrenbüchsen ausgestellt.

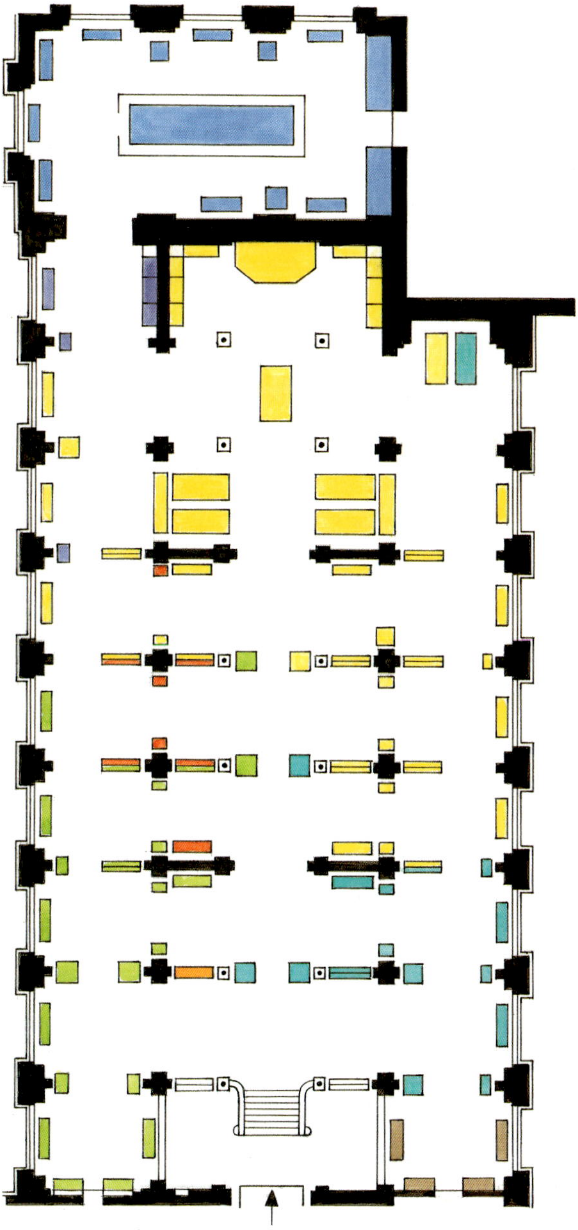

Mitarbeit an der Ausstellung

Leitung und Konzeption
Dr. phil. Heinz-Werner Lewerken

Wissenschaftliche Bearbeitung
Dipl. rer. cult. Jutta Bäumel
Dr. phil. Heinz-Werner Lewerken
Dr. phil. Dieter Schaal
Dipl. arch. Holger Schuckelt

Vitrinenentwurf
Dipl.-Ing. Werner Hößelbarth

Ausstellungsgestaltung
Dipl.-Ing. Reingard Albert

Restauratorische Verantwortung
Dr. phil. Heinz-Werner Lewerken
Winfried Beckert

Restaurierung
Winfried Beckert
Uwe Böckelmann
Andreas Frauendorf
Ramona Münzer

Textilrestaurierung
Gisela Bruseberg
Kathrin Barbara Franeck
Miriam Göthel

Depotverwaltung
Ines Neumann
Heinz Pietsch

Sekretariat
Catrin Eisert

Anschriften und Öffnungszeiten
Staatliche Kunstsammlungen Dresden
Rüstkammer (Historisches Museum)

Direktion
Zwinger
Sophienstraße
O–8010 Dresden
Ruf 4 84 01 26

Ausstellung
Semperbau – Osthalle
Theaterplatz
O–8010 Dresden

Öffnungszeiten
Dienstag bis Sonntag 10 bis 18 Uhr
Montag geschlossen

Informationsbüro
Gemäldegalerie Alte Meister
Theaterplatz
O–8010 Dresden
Ruf 4 84 01 22

Anmeldung von Führungen
schriftlich oder telefonisch,
Ruf 4 84 01 19
Montag bis Freitag 8 bis 16 Uhr

Einband vorn
*Prunkharnisch für Mann und Roß
des Königs Erik XIV. von Schweden*
Eliseus Libaerts
Antwerpen. 1562–1564
S. 39

Frontispiz
Kurschwert Friedrichs des Streitbaren
Ungarisch. 1419–1425
Klinge: Passau
S. 18

Einband hinten
Helm, Schild und Stab
Johann Melchior Dinglinger
Dresden. 1709
S. 111

Gestaltung: Bernhard Dietze, Leipzig
Zeichnung auf S. 129: Inge Brüx, Leipzig
Printed in Germany
Reproduktion: Förster & Borries, Zwickau
Satz und Druck: Interdruck Leipzig GmbH
Bindearbeiten:
Leipziger Verlags- und Druckereigesellschaft mbH